從朝堂到蠻荒，
以詩文和胸襟撐起大半江山

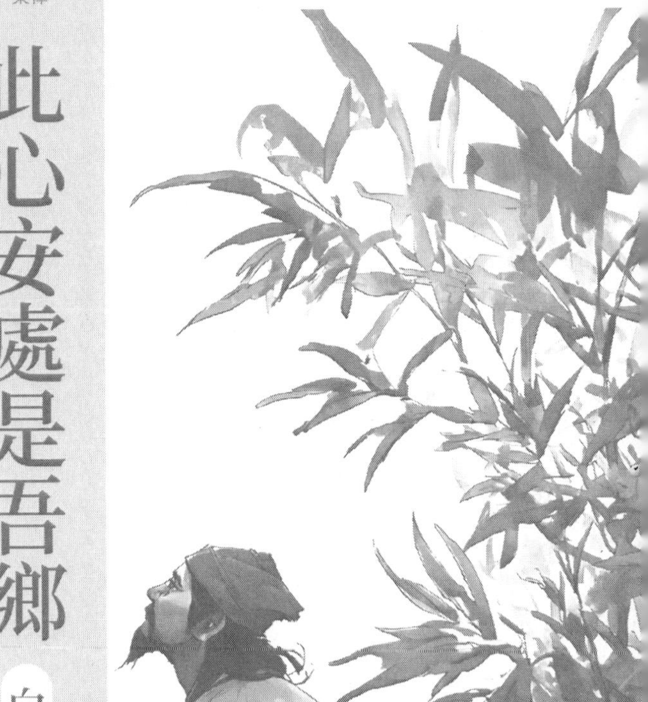

蘇東坡傳

此心安處是吾鄉

白凝 著

詞中寄夢、筆底江山，失意亦風流！
不問浮名只問此心，東坡居士寫盡人間不如意

目 錄

序言　　　　　　　　　　　　　　　　　　　　　　005

第一章　此心安處：詩酒年華正好　　　　　　　　　007

第二章　家國之夢：星辰不及此心　　　　　　　　　049

第三章　風起雲湧：來路終有歸途　　　　　　　　　091

第四章　得失之間：朝朝暮暮勝天長地久　　　　　　121

第五章　人生如寄：高歌且行　　　　　　　　　　　157

第六章　萬物寂靜：讓往事隨風　　　　　　　　　　193

第七章　生死有命：苦樂隨緣天年　　　　　　　　　235

第八章　歸去也：一蓑煙雨任平生　　　　　　　　　287

目錄

序言

　　穿越幾千年的歷史煙雲，才子名士不計其數。

　　若問哪個名字可以令世人心間一暖，願意選擇像他一樣活著，「蘇東坡」算是一個篤定的答案。

　　將生命拉長來看，人人免不了悲歡離合，免不了曲折動盪。但在蘇東坡走過的六十五載裡，那些不安、不順與不滿，都被釀成了灑脫的酒。

　　蘇東坡對中華文化的塑造和影響，已經不言而喻。孩童都會背誦「橫看成嶺側成峰，遠近高低各不同」，課本裡寫滿了「大江東去，浪淘盡、千古風流人物」，每個仰望星空的夜晚，我們也都會想起「但願人長久，千里共嬋娟」。

　　余光中說：「如果要去旅行，我不要跟李白一起，他不負責任，沒有現實感；杜甫太苦哈哈了，恐怕太嚴肅；可蘇東坡就可以做很好的朋友，他真是一個很有趣的人。」

　　所以東坡先生的酷與暖，都彷彿在我們的身旁扎根，像是一個可以把酒言歡的朋友。

　　他有出世的灑脫，也有入世的堅持。

序言

　　他身上的覺醒與真性情,迸發著意志的堅強與生命的韌性。我們讀他的勇氣,也讀他的痛苦;讀他的深情,也讀他的無奈。

　　如此,一起穿越歷史煙波,踏上大宋的土地。追上那個清瘦的身影,陪他吟誦一句:「歸去,也無風雨也無晴。」

第一章
此心安處：詩酒年華正好

第一章　此心安處：詩酒年華正好

第一節
活在這珍貴的人間

　　提起眉山，對現代人來說或許遠不如臨近的成都出名，也不如樂山大佛那樣為中外遊客所膜拜。但回望其文化傳承，它素有「千載詩書城」、「人文第一州」的美譽。

　　自長江逆流而上，經漢口，入三峽，過重慶便至樂山，一路上有風景人文可觀。樂山以北的眉山鎮，就靜悄悄地棲息在這明山秀水的懷抱中。

　　眉山也算旅遊勝地，交通四通八達。古代的眉山，是樂山至成都的必經之地，是以行客來往很是頻繁。且這裡有戰國李冰留下來的水利設施，農業發達。

　　這是一個不大的城鎮，在宋代曾是中國三大雕版印刷中心之一。在今天，也因為是「三蘇」的故鄉而家喻戶曉。兩宋時期，這裡曾經誕生了 800 多位進士，因此擁有「八百進士」的讚譽。

　　民間一直流傳著一個說法：山水養人。老一輩人對此更是深信不疑。蜀地有一座山喚作「彭老山」。相傳在宋仁宗景祐三年（西元 1036 年），本來秀麗的山峰突然荒蕪，這一驚人的自然變化讓當時人議論紛紛卻莫衷一是。直到多年以

第一節　活在這珍貴的人間

後,在不遠處的眉山境內出現了一位在中國文學史上大名鼎鼎的蘇軾,大家才恍然大悟。

這座山,以其全部的靈氣養育了蘇軾,自己才變得荒蕪。當然,這顯然是經過粉飾的傳說故事,但是眉山的靈秀,都真實地流淌在了蘇軾的骨血裡。他在後來的詩文中,也不斷回憶著這片熱愛的故土。

「吾家蜀江上,江水綠如藍。」他讚頌那碧綠的江水。

「每逢蜀叟談終日,便覺峨眉翠掃空。」他鍾愛那高聳的峨眉山。

「想見青衣江畔路,白魚紫筍不論錢。」就連家鄉的風物,他也覺得格外留戀。

如果在一個夏季,你聞著荷花沁人心脾的香氣,聽著街邊的各色小吃叫賣聲,沿著青石板路一直往前,來到眉山鎮的紗縠巷。你只要找到那一棵高大的梨樹,再看到一個小小的池塘,如果還聽到了朗朗的讀書聲,不用懷疑,那就是蘇宅了。

蘇軾曾經在〈答任師中家漢公〉中描寫過自己的居所:「門前萬竿竹,堂上四庫書。高樹紅消梨,小池白芙蕖。」可見這是一個幽靜的具有書香氣息的小康之家。

蘇軾是家中長子。他降生的這一年,父親蘇洵已經二十七歲了。這個歲數在今天可能還在貧坑相恐婚,但在古

第一章　此心安處：詩酒年華正好

代已經是晚育的年紀了。

其實，蘇軾上面有一個姐姐，原本還應該有個哥哥，可惜幼年夭折。此刻，蘇家終於盼得了一個兒子，難免對這個孩子寄予了厚望。

蘇軾的名字，是父親起的。「軾」字在《說文解字》中，被解釋為「車前也」，也就是設立在車子前面讓人憑倚的橫木，出自於《左傳‧莊公十年》「登軾而望之」。蘇軾的字「子瞻」，「瞻」也是遠望的意思。「軾」這東西並不像車蓋那樣裝飾得富麗堂皇，也不同車輪一樣不可或缺。後來蘇軾的弟弟降生，蘇洵為其取名為蘇轍，「轍」字意為車輪碾過的痕跡，出自於《左傳‧莊公十年》中，「下，視其轍」。「轍」字同樣和車子有關，並且和「軾」一樣，都是不容易被人們關注的部位。

我們都知道，古人的名字往往寄予了長輩的深厚期望，蘇軾和蘇轍兩兄弟的名字也是如此。慶曆六年（西元1046年），進京趕考失敗的蘇洵回來之後特意寫了一篇〈名二子說〉來解釋自己為兩個兒子取名的緣由，表達了自己對兒子的期望和告誡。

當時蘇軾十歲，蘇轍也有八歲了，兩個兒子的性格特徵已經展露無遺。蘇軾小小年紀就表現出了驚人才華，所以蘇洵在文中告誡蘇軾，要像車前橫木一樣發揮作用卻隱藏鋒

第一節　活在這珍貴的人間

芒。蘇轍一直循規蹈矩，所以蘇洵希望他能夠像車輪印一樣處於禍福之間，安然度過一生（如遇到車翻、馬死等災難，禍患也無法波及車輪印）。

不過，蘇軾降生的時辰並不算良時。在《東坡志林‧命分》中，他曾經自言：「退之詩云：我生之辰，月宿南斗。乃知退之磨蠍為身宮，而僕乃以磨蠍為命，平生多得謗譽，殆是同病也！」所謂「磨蠍」，即黃道十二宮的天蠍宮。古人有星象之說，認為天上的星星和地上的人類自身是對應的關係。蘇軾晚年回顧自己的一生，認為自己屢次遭到無端的誹謗是因為降生於天蠍宮之下，而中唐寫下「一封朝奏九重天，夕貶潮州路八千」的韓愈韓退之，也是降生於天蠍宮之下。

這當然是晚年他的自嘲之語，當時剛剛出生的蘇軾還沉浸在全家的寵愛之中。而且蘇軾的降生對於他的父親而言，也有著別樣的影響。

蘇洵年輕的時候聰明非凡，文名遠颺。大凡聰明人，都是有著極強的個性的。他總覺得，大好時光應該用來做一些讓自己開心的事情，而不是埋頭於枯燥的科舉考試。

年輕的蘇洵很喜歡遊山玩水，即使是成家之後也不改習性，因為玩樂荒廢了學業，一直未能考取功名。《三字經》上有「蘇老泉，二十七，始發憤，讀書籍」的句子，蘇老泉指的正是蘇洵。

第一章　此心安處：詩酒年華正好

　　可見二十七歲這一年，必然有什麼事情深深地影響了蘇洵，讓他開始意識到時光不待人，該是時候開始發憤讀書考取功名了。毫無疑問，對他影響比較大的一件事情，就是蘇軾的降生。男人的成熟，經常是從三件事情開始的：一個是娶妻成家，一個是看到父母老去，一個就是有了子女。

　　蘇軾出生後，蘇洵開始意識到自己已經不再是那個意氣風發的少年了，他必須承擔起一個父親的責任。此時他的兄弟還有姐夫，都已經通過科舉考試步入仕途，說心中沒有一絲羞愧，那也是假的。而大器晚成者，皆因厚積薄發，才能夠一鳴驚人。蘇軾出生以後，家裡面非常重視對孩子的教育，六歲就送他進入私塾讀書。這是一個有著一百多人的大私塾，卻只有蘇軾和陳太初兩人最受老師的寵愛，或許是由於蒙學時期的老師是個道士的緣故，中晚年的蘇軾也頗為親近道家，最終達到了儒道佛三家的統一。

　　陳太初更是在長大以後乾脆出家求道，道行極高。傳說他晚年前去拜訪朋友吳師道，吳師道贈予他金錢、食物等，他出門二話不說就直接散發給了窮人，然後於門外盤膝沒了氣息。吳師道知道之後，立刻讓僕人去搬動他的屍體，當時正好是春節，僕人都覺得不吉利沒人願意動手，陳太初突然微笑著睜開眼睛說「不需要麻煩你」，然後自己步行到了金雁橋下死去。

第一節　活在這珍貴的人間

除了私塾學習，蘇軾的童年是多姿多彩的，他很願意親近大自然，也很願意享受生活，這些童年的生活後來都出現在了他回憶性的詩文中。

「川平牛背穩，如駕百斛舟。」他會在不用去私塾的時候坐在牛背上悠閒地看書。

「狂走從人覓梨栗。」他會在不讀書的時候和表弟一起去山上找野果。

「憶我與諸兒，飼食觀群呀。」他還會和同伴們圍在鳥窩邊上，餵食小鳥。

在中年時期，他在一首〈洞仙歌・冰肌玉骨〉的詞序中，還回憶了自己七歲的時候和小夥伴一起聽一個朱姓的九十歲老尼姑講當年和師父入蜀主孟昶宮中的故事。當時老尼姑口誦了蜀主和花蕊夫人所作的一首詞，蘇軾居然還能記得前兩句，並且分辨出這是〈洞仙歌〉令，將之續上。

甚至天才一般的蘇軾，也有過像我們現在很多孩子一樣沒有完成父親布置的作業而被突然檢查時的驚慌失措。

「夜夢嬉遊童子如，父師檢責驚走書。計功當畢《春秋》餘，今乃初及桓莊初。怛然悸寤心不舒，起坐有如掛鉤魚。」

當時蘇軾遠貶海南，夢見自己兒時被父親檢查背書，本來父親布置的任務是讀完《春秋》，結果他只讀到了桓公、莊

第一章　此心安處：詩酒年華正好

公的部分。為此他憂心忡忡，坐立不安，就像是吞了釣鉤的魚一樣。

不過童年時期的蘇軾，就已經有許多非凡的表現。父親不在家的時候，蘇軾由母親程氏管教讀書。程家和蘇家是世代姻親，在當地也是頗有家產，所以程氏也受過一些教育，有一些不凡的見識。

有一次程氏正在教蘇軾讀《後漢書》，讀到了後漢時期的太學生范滂為了反抗把持朝政的閹宦而上書彈劾，結果被朝廷下詔誅殺，因為不想連累其他人，自己獨自慷慨赴死。臨走之前，范滂與兒子訣別：「吾欲使汝為惡，則惡不可為；使汝為善，則我不為惡。」意思是：「我想讓你做壞事，可壞事是萬萬不能做的；我想讓你做好事，我沒做壞事卻落得如此下場。」其中的無奈令人唏噓。

蘇軾對范滂充滿敬佩。他嘆息，如果自己長大後也做了范滂這樣的人，不知母親內心願不願意。程氏堅定地回答道：「你要是能做范滂，難道我就不能做范滂的母親嗎？」

讀史書，能夠從史書中學習前人的經驗。後來的蘇軾直言進諫，屢遭貶謫，不能不說他是一直在踐行著小時候的信念。

蘇軾八歲那年，也就是宋仁宗慶曆三年（西元1043年），宋仁宗大力起用范仲淹、歐陽脩等人實行改革，並且根據范

第一節　活在這珍貴的人間

仲淹等人的意見，頒布了「慶曆新政」，一時間舉國沸騰，國子監的石介特意寫了一篇〈慶曆聖德頌〉來頌揚新政，這篇頌詩也傳到了眉山。年幼的蘇軾也在學校看到了這首詩，上面的字他全都認識，但是其中提到的人，他卻極為陌生。

在他的不懈追問下，老師為他一一講解了這首詩中提到的人物，歐陽脩、范仲淹等人在蘇軾幼小的心靈中一下子就占據了很重要的位置，後來他細心揣摩這些人的詩文，並且在父親的要求下寫過一篇模仿歐陽脩〈謝宣詔赴學士院，仍謝賜對衣、金帶及馬錶〉的文章，讓蘇洵大為滿意。最終蘇軾進入學士院，也多次得到皇帝賞賜的對衣、金帶和馬錶等物，這篇少年擬作之文居然還真的派上了用場。

不僅如此，蘇軾還極為擅長從平常的生活小事中見出哲理，這也是他後來詩文作品的一個重要特點。

蘇軾十一歲的時候寫過一篇〈黠鼠賦〉，從一隻老鼠利用人的疏忽而逃脫這件幼年趣事，悟出了如果不能「一於汝而二於物」（做事專心，不受外物的影響和左右），那麼即使「多學而識之」，也是「望道而未見」的道理。全篇十分簡短，但從這麼一件生活小事中，就能夠悟出如此深刻的道理，且語言天真而風趣，足見蘇軾慧根之深。

像蘇軾這樣聰明的才子，其實歷史上並不鮮見，即使是同時期，和蘇軾一樣有才華的人也不為少數。但是能夠和蘇

第一章　此心安處：詩酒年華正好

軾一樣有天分才情又刻苦努力的，就真的不多了。

蘇軾在父親蘇洵的言傳身教下，讀書之刻苦也是罕見的。古代教授學生提倡「書讀百遍，其義自見」，非常強調背誦。一般的學生不過是將書中重點篇目的內容記誦下來，這已經很不容易了，蘇軾則是將整本書都細心抄錄數遍，以至於都能夠倒背如流，標點和前人註解也能夠牢記於心中。

如果我們去細讀蘇軾的詩文，經常會為他引經據典之浩繁而連連驚嘆。但是不同於那些掉書袋的腐儒，他引用起古書或者古事都是著重用其意，常常搭配上新鮮巧妙的比喻，而不是炫耀文采和自己的博學。以至於我們普通人讀來也不會感覺到佶屈聱牙，甚至經常會完全沒有意識到他在用典。

蘇軾還有一個弟弟，「三蘇」中的另外一位才子──蘇轍。蘇軾和蘇轍的關係十分要好，兩個人從小一起讀書。正如蘇轍的名字那樣，蘇轍一生都跟隨著自己的哥哥，不僅進京趕考是跟著哥哥一起的，在後來的政治鬥爭中也一直站在哥哥的一邊。兩個人之間留下了許多詩篇，有的是分開的時候互相思念，也有的是兩個人一起進行的詩文唱和。那首最著名的詠月詞〈水調歌頭·明月幾時有〉就是蘇軾懷念弟弟蘇轍所作的。而且透過對比蘇轍和蘇軾的詩詞作品，我們會發現蘇轍在創作詩歌的時候，都是自覺或者不自覺地在學習自己的哥哥，可見蘇軾對蘇轍的影響之深。

第一節　活在這珍貴的人間

　　在民間的傳說中，蘇軾還有一個妹妹蘇小妹，關於蘇小妹的故事甚至還被收錄在明朝馮夢龍編著的《醒世恆言》之中。

　　傳說蘇小妹聰明絕頂，能夠作極為精妙的迴文詩，甚至在傳說故事中，蘇小妹還和蘇門四學士之一的秦觀秦少游結為夫妻。只是在現存的所有宋代資料中都無法證實有蘇小妹這麼個人，而且秦觀在二十九歲才遇見蘇軾，當時的秦觀也已經娶妻，自然不可能再娶蘇小妹為妻，所以關於蘇小妹的故事，只是百姓對蘇軾太過喜愛，所以才衍生出了許多本來不存在的故事。

　　山河無限，風光大好。童年的蘇軾一直留在秀麗的眉山境內讀書學習翫樂，這美麗的水土帶給他的，是珍藏一生的回憶。海子在《夏天的太陽》中喊道：「你來人間一趟，你要看看太陽。」人一旦長大，總在不得已之中，看世界的眼光便開始變化了，甚至由於遭受種種挫折和磨難，開始有了厭世的思想。只有童年時期，才能夠用最單純的心去體會世間萬物，「當時只道是尋常」，年老之後回憶，才越發能懂這人間的珍貴。

第一章　此心安處：詩酒年華正好

第二節
時光自有安排

　　在傳統觀念影響下，人們十分注重成家立業。儒家講「修身齊家治國平天下」，一個人只有先成家，然後才能夠去闖蕩一番事業。

　　少年的心就像一個風箏，總是想飛得更高、看得更遠，但風箏必須有一根繩子拴著，否則無論風箏飛得多高，都無法控制自己的命運。

　　在現代社會觀念裡，兩個人要先相愛然後才能結婚成家，但是在古代社會中，男婚女嫁都是父母之命、媒妁之言。隨著蘇軾和弟弟蘇轍漸漸長大，除了考取功名這一個重大立業目標之外，也要找根「繩子」把他們拴起來。

　　在蘇軾結婚之前，他在懵懂的少年時期，也曾經有過一段無疾而終的戀情，對方是他的堂妹。

　　在古代文人的情感經歷中，像蘇軾一樣喜歡上表妹堂妹的人似乎還不少。其中最著名的要數詩人陸游，他與唐琬的悽美愛情故事不知道感動了多少少男少女，那兩闋令人心碎的〈釵頭鳳〉至今還刻在沈園的牆壁上。

第二節　時光自有安排

蘇軾還沒有陸游那麼幸運，表妹畢竟不是同姓，是可以結婚的。但堂妹是自己的血親，這段感情的結局已經注定了心碎。這位堂妹，是蘇軾的二伯蘇渙之女。蘇軾的祖父去世，兩人因為奔喪而在一起相處了一段時間，也正是在這段時間裡，兩個人暗自萌生了情愫。

如果世界上真的愛了就能在一起，那麼許多年後王實甫在《西廂記》中發出的「願天下有情人終成眷屬」的美好希冀，也不會引起那麼多人的共鳴了。

堂妹最終嫁給了靖江一個名叫柳仲遠的青年，蘇軾後來路過靖江還曾經在堂妹家住了三個月。那時候蘇軾已經三十七歲了，堂妹三十五歲並且已有了孩子。在這期間，蘇軾寫了幾首十分耐人尋味的詩，其中一首為：

杭州牡丹開時僕猶在常潤周令作詩見寄次其韻（節選）

羞歸應為負花期，已是成陰結子時。
與物寡情憐我老，遣春無恨賴君詩。
玉臺不見朝酣酒，金縷猶歌空折枝。
從此年年定相見，欲師老圃問樊遲。

此詩之深情，絲毫不亞於陸游的〈釵頭鳳〉和〈沈園二首〉，「負花期」指的是堂妹已經年齡大了，「成陰結子」是說堂妹已經結婚生子，中間兩聯都是自傷之語，無限遺憾與無奈都在其中。最後兩句以向樊遲學種花來比喻自己今後會珍

第一章　此心安處：詩酒年華正好

惜機會和堂妹相見。

後來蘇軾被四處貶謫，自然也沒有機會「年年相見」。五十九歲的他流放在外，得知堂妹的死訊，還懷著沉痛的心情為堂妹寫下了祭文，並表示自己「心如刀割」，歸來路過靖江，拖著自己老病的身軀，堅持要為堂妹上墳。

堂妹就是蘇軾心中的白月光和硃砂痣，白月光高高掛在天上，硃砂痣靜靜躺在胸口，這是遺憾所帶來的美感。

最深刻的情感，不僅是美感那樣簡單。它是年深日久的陪伴，也是奔騰不息的真心。對蘇軾來說，一生最愛是他的妻子。

蘇軾成婚那年才剛十八歲，妻子王弗是眉山鎮南十五里的青神人，年方十五。

對於一個素不相識的女子，當時的蘇軾並沒有多少期待。他正是意氣風發又情竇初開的年紀，剛剛經歷了一段無疾而終的愛情，對於這種毫無感情基礎的婚姻實在是難以提起什麼興趣來。

何況兩年前發生的一件事情，也在蘇軾的心中留下了一些陰影。

蘇軾的姐姐在蘇軾的詩文中很少出現，不是因為蘇軾對姐姐的感情不深，而是因為蘇軾的姐姐在他十六歲的時候就去世了。

第二節　時光自有安排

　　他的姐姐被許配給了外婆家的表兄程之才，可是程家對蘇軾的姐姐並不好，導致姐姐很快就去世了，這件事情也讓蘇軾的父親蘇洵很是生氣，他不僅寫詩暗諷程家，還在石頭上刻了家譜，舉行慶典的時候在全族面前譴責程家，說程家是「州裡之大盜也」。因為這件事情，蘇軾兄弟兩個幾十年都沒有和表兄程之才有過任何交流。

　　要知道，程家和蘇家從祖父就開始聯姻了，蘇軾的母親也是程家人，對於程家可以說是知根知底，可是自己的姐姐嫁過去還是遭到了這樣的待遇。所以蘇軾認為，這種婚姻方式充滿了不確定性。妻子到底是個什麼樣的女子，他們即將有怎樣的相處和互動，這都讓他感到困惑。

　　王弗的父親王方是位鄉貢進士，在書院中任教。蘇軾正好也在這所書院任教，與準岳父是同事關係，且因為才華橫溢，很得王方的喜愛。

　　青神縣位於岷江之濱，縣中有上、中、下三巖，在中巖的赤壁之下，有一汪綠水清泉。蘇軾在讀書之餘常常來到這裡接受山水的洗滌。

　　有一天，眾人一起遊玩，蘇軾看著這清澈的泉水，突然想道：「這麼好的水，如何沒有游魚呢？」於是他拊掌三聲，突然從岩石洞穴之中出現了許多魚兒在水中游動。

　　王方當時也在場，馬上遍邀文人為此景命名。眾人躊

第一章　此心安處：詩酒年華正好

躍，可惜沒有一個令王方滿意的。蘇軾作為見證者也參與了這次活動，他給出的名字是「喚魚池」，這個名字王方很是滿意，既切合當時情境，又雅俗兼備。

巧合的是，王方的女兒王弗自幼飽讀詩書，聽說了這個活動之後，也讓侍女從家中送來了自己想的名字，卻也是「喚魚池」，居然和蘇軾不謀而合。

我們現在如果去到中巖山下，還能找到這一潭清水，還能看見蘇軾手書的「喚魚池」三字。在清香馥郁的飛鳳花叢中，還立著蘇軾與王弗的雕像。蘇軾昂首站立，王弗則是坐在石頭上略微依靠著蘇軾，顯得情意綿綿。

因為「喚魚池」一事，蘇軾雖然對這種包辦婚姻帶有一定的牴觸，但終究還是聽從了家裡的安排，和王弗結為夫妻。

誰也沒有料到的是，這一場愛情的賭博他竟然賭贏了。命運如此偏愛他，兩人果然是如同賀詞一般的郎才女貌天作之合，婚後生活十分和諧融洽。

王弗性格恬靜穩重，上侍奉公婆孝順有加，下對待弟弟和晚輩關愛備至。在照顧蘇軾的起居之餘，她還能夠陪同蘇軾一起讀書，一起談心。紅袖添香這樣溫馨的情景，在蘇軾婚後的生活裡很是常見。

蘇軾婚後的第二年，十七歲的弟弟蘇轍也成親了，妻子十四歲。這個年齡在我們現代視角看來是早婚了，在古代卻

第二節　時光自有安排

很尋常。通常來說，十到二十歲之間正是男子奮力讀書的時候，早點解決了婚姻問題才能夠不被感情所羈絆，還不用為飲食起居所困擾。

兄弟二人都完婚之後，他們眼下最大的任務是立業。而立業的第一步，就是考取功名。

在家中又埋頭苦讀了一年，這個時候蘇軾剛好二十歲。此時，他的父親蘇洵已經四十七歲了。

二十七歲得子，隨後發憤讀書，二十年間屢次參加科舉考試都告失敗，如今兩個兒子都成家並且準備參加科舉了，蘇洵心中的滋味恐怕很複雜。

雖然他已然將大部分希望都寄託於兩個孩子身上，但是內心始終沒有放棄，仍然打算放手一搏，繼續參加科舉考試。

西元 1056 年，蘇洵和蘇軾、蘇轍父子三人一同離開四川，趕赴京師。

這是蘇軾第一次遠離家鄉，因為有父親和弟弟的陪同，在出發之初心中並沒有什麼離愁別緒，反而是有一種「海闊憑魚躍，天高任鳥飛」的暢快。

出蜀之路很是艱難，唐人李白那樣喜歡遊山玩水的旅遊達人，都曾經發出過「蜀道難，難於上青天」的感慨。三人從眉山出發往北走，經過閬中，就出了四川來到陝西，再從陝

第一章　此心安處：詩酒年華正好

西褒斜谷的古棧道繼續往北，才進入了關中。

中間路過四川省會成都的時候，蘇洵還帶著兩個兒子去拜會了大官張方平。

宋朝雖然沒有唐朝那麼盛行行卷之風，但是在考試之前，先找個名人替自己揚名或者舉薦一二，即使是在今天也不算什麼新鮮招數。

蘇洵帶著兒子一起去見張方平當然也有這個目的，蘇洵當時在文壇已經有些名聲了，他將自己的作品交給張方平品鑑的時候，張方平表示了由衷的讚賞，並且誠摯邀請他在成都書院任教。

蘇洵還有自己的抱負，不甘心就這樣當一個教書先生。張方平完全理解，也知道蘇洵是有著大志向的，他並沒有生氣，而是給當時的文壇盟主歐陽脩寫了一封舉薦信。帶著這封信，三人繼續出發，趕赴目的地汴京。

因為他們出發得早，所以路上還不會太過匆忙，再加上蘇洵本來就是熱衷於遊賞之人，一路上奇山秀水、名勝古蹟，自然要一一賞玩個遍。

這是蘇軾人生中第一次遠行，目的還是去參加科舉考試，關乎自己的前途，他的心情激動萬分。但轉眼離家已經數月，他不自覺開始思念那遠在家中的妻子。在留宿洛陽的時候，蘇軾填了一首〈一斛珠・洛城春晚〉來宣寄自己對妻子

第二節　時光自有安排

的相思之情。

洛城春晚。垂楊亂掩紅樓半。小池輕浪紋如篆。燭下花前，曾醉離歌宴。

自惜風流雲雨散。關山有限情無限。待君重見尋芳伴。為說相思，目斷西樓燕。

詞的上片說自己開春從眉山出發，到了洛陽的時候已經是暮春時節，在重重掩映的柳枝之外，有一座紅樓若隱若現露出半邊。柳樹邊是一灣池塘，輕輕地泛起波紋，那波紋細密，就像是寫在紙上的篆字，每一個字都在表達思念。當初離別之時，我們曾經在花前燈下，飲酒聽曲，如今卻是天各一邊。

下片突發感慨，當初的歡樂就像是雲雨一般消散，萬里關山阻隔我們，關山是有限的，但我們之間的感情是無限的，終有一天我們再相見之時，我要和你一起在芳花之前，對你訴說我此時的相思，一起看那歸來的雙飛燕飛過西樓。

這首蘇軾早期的詞作很不像蘇軾的經典詞風，倒是和比蘇軾早一些的張先有些類似。此時的蘇軾還沒有經歷人生的深重苦難，兒女情長的情愫縈繞在他的心底。那個溫婉的女子，就像牽著風箏的線一樣，始終牽動著蘇軾的心。

五月，蘇軾三人抵達開封，借住在一個寺廟中，一邊進行最後的衝刺複習，一邊等待秋天的考試。

第一章　此心安處：詩酒年華正好

　　八月，蘇軾與蘇轍在開封府參加了考試。這一次考試只是禮部的初試，內容並不算很難，因此蘇軾和蘇轍輕鬆考中。次年春天，兩人還要參加禮部舉辦的複試以及皇帝親自監督的殿試，那才是重中之重。

　　初試之後，距離下次考試還有好幾個月的時間，除了繼續督促兩個兒子學習之外，蘇洵也帶著他們去參加一些必要的社交活動。其中很重要的一次活動，就是拜訪歐陽脩。

　　歐陽脩是當時的禮部侍郎，也是禮部考試的主考官。

　　宋朝初期，文壇的風氣還沒有從五代時期的浮靡之氣扭轉過來，尤其是以楊憶等為首的館閣重臣帶動的西崑體，學習李商隱卻沒有學到精髓，只是流於粗淺的華麗辭藻，內容空虛，感情虛假。

　　當時文壇上一些有識之士都紛紛發起改革，梅堯臣和蘇舜欽立主平淡之美，歐陽脩同樣對此深惡痛絕，結交了一批志同道合之人，想要聯手改變文壇積弊。

　　古代的科舉考試都會設有一名主考官，在這名主考官名下考中的，未來都是這名主考官的門生。而且當時的考試基本都是主觀題，判卷全憑考官的喜好。歐陽脩作為主考官，那麼自然會選擇符合自己喜好的文章。

　　另外，這些能夠參加最終考試的都是各地的年輕俊傑，透過考試來篩選人才，也能夠對當時的文風發揮很好的引導

第二節　時光自有安排

作用，歐陽脩自然早有此打算。

蘇洵作為唐宋八大家之一，文學造詣不俗，他的文章深得兩漢精髓，文風縱橫恣肆。政論散文論點鮮明，極具有說服力和可讀性。

在蘇洵的教導下，蘇軾和蘇轍的文風更有先秦兩漢大家之風，語言質樸，言之有物，並沒有受到當時不好的風氣影響。

初次見到歐陽脩，蘇軾雖然早已經熟讀過歐陽脩的詩文，但是心中還是不免忐忑。沒想到歐陽脩居然那麼和藹可親，兩耳較長，上嘴唇還有點短，笑的時候會露出牙齦。這尊容似乎不是那麼玉樹臨風，但恰恰是這樣一副尋常的形象，更加讓蘇軾覺得親切。

蘇洵將自己的文章拿給歐陽脩看，歐陽脩大為讚賞，稱讚他的文章「博辯宏偉」。他像是發現了寶藏一樣，對蘇軾和蘇轍的才學十分滿意，並且還殷勤地把三人介紹給了韓琦等人。第二年正月，蘇軾、蘇轍兄弟參加了禮部考試。

在古代，參加一次科舉考試不僅是智力的比拚，還是毅力的比拚，那可比現在參加考試要辛苦得多。

考生在天沒亮的時候就要出發，黎明時分趕到考場，經過嚴密的搜身之後，每個人進入單獨的房間。外面有看守和巡視人員，考生得自備乾糧，因為在考試結束之前，任何人

第一章　此心安處：詩酒年華正好

都不允許走出考場。

　　這一次考試對於蘇軾來說，是人生的一次重大轉捩點。考試之前，他雖然小有名氣，卻也名不出眉山。這次之後，他終於一鳴驚人，開始了自己名留青史的一生。

第三節
正如你來，恰好我在

　　古代男子一生中最高興的三件事莫過於：他鄉遇故知、洞房花燭夜和金榜題名時。

　　那時交通不便，如若一個人身在他鄉，往往是數月甚至數年才能回去一次。孤獨的時候，若能夠在陌生之地遇見一位熟人，那種喜悅恐怕不是交通和通訊便利的現代人能夠體會到的。

　　洞房花燭夜就更好理解了，成家是一個男人成長的第一件大事，只有完成這件事，才算是邁出了獨立的第一步。能有良人對自己噓寒問暖，與自己相守一生，不管是現代還是古代，都絕對稱得上是一件樂事。

　　最後金榜題名，是每一個讀書人畢生的追求，即使有少數人厭棄功名，也多半是有不得已的原因，即使是被稱為「詩佛」的王維，年輕的時候也曾經為了仕途而去拜謁公主。金榜題名，那是讀書人實現自己的人生理想與抱負的第一步，也是最重要的一步。

　　此時的蘇軾正渴望著金榜題名的時刻。他懷著複雜的心情步入考場，只見一間間考舍次序排開，每一間裡面都有著

第一章　此心安處：詩酒年華正好

一個背負著整個家庭希望的男子正在參加考試。他們或者冥思苦想，或者奮筆疾書，或者胸有成竹，或者垂頭喪氣。

這是蘇軾第一次到京城參加科舉考試，所以身上還並未背負多麼深重的壓力，但是自負的蘇軾也絕對不允許自己失敗。

這次考試和以往有些不同，按照慣例，宋朝的科舉考試應該是先作詩、賦、論各一首，然後是策五道，帖《論語》十帖，最後是考量《春秋》、《禮記》等經典。按照以往的模式，自然是詩賦最重要。但是歐陽脩為了扭轉文壇風氣，推動古文運動，主張將策論放在了首位。

翻開試卷，蘇軾看到策論題目是「刑賞忠厚之至論」。這個題目對於蘇軾來說並不難，父親蘇洵本身就是策論的高手，對兩個兒子平日裡多有教導與訓練。

但是如何將這個題目寫得出彩，博得考官的青睞，那就不僅需要文才了，還需要對這個問題有深刻的見解。

儘管我們現在對於古代科舉制度頗有意見，認為科舉制度存在諸多問題，但事實上科舉制度直至清朝，也依然是當時世界上比較先進的人才選拔方式。

古代西方實行的官員選拔制度和魏晉時期的九品中正制差不多，都是以門第為主，普通人想要當官爬上高位基本是不可能的事情。但是中國科舉制度給了所有人一個向上的臺

第三節　正如你來，恰好我在

階，讓天下讀書人都有可能官至宰相，去決定天下大事。

科舉考試的題目也不全是死板腐朽的東西，除了考量文才和對儒家經典的掌握程度之外，更會兼顧到政治思維與能力。

比如蘇軾這次的考題，考量的就是考生們對於君王獎賞懲罰之道的見解。獎賞懲罰的學問很深，這不僅是君王御下之道，也是將來這些考生為官的時候如何管理下屬乃至百姓的重要方法。如果獎賞標準錯亂，有失公允，就很難讓人心服，政令很可能難以實施下去。

題目裡面已經交代清楚，古代賢德的君王在刑賞之時都是本著忠厚的原則。考生就這一點展開論證的時候，可以充分考量出他們對於古代歷史知識的熟悉程度，以及能夠看到他們的獨立見解和思辨能力。

蘇軾寫起這種題目來稱得上是得心應手，不一會兒就洋洋灑灑寫了六百餘字。六百字還沒有現在的考試作文要求的字數多，但是蘇軾這篇文章從堯舜寫起，既有實際的歷史論據，又有自己鮮明的論點，指出為政者要做到一方面賞罰分明，一方面立法要嚴而責人須寬。總之是無論賞罰，都要以忠厚仁愛之心為原則，這樣天下才能夠成為「天下相率而歸於君子長者之道」的昌盛之世。

寫完卷子的蘇軾感到酣暢淋漓，瀟灑離去。他在考場外

第一章 此心安處：詩酒年華正好

見到弟弟，弟弟雖然沒有蘇軾的神采飛揚，但也是一臉淡然，可見試卷完成得遊刃有餘。

兩個人同早在外面等候的父親一起回到住處，一路上兄弟二人討論起考試題目。蘇洵看著侃侃而談的兄弟兩人，聽著他們的高談闊論，心中滿是欣慰。兄弟二人興起之時，蘇洵也主動參與進討論之中，並對兩個兒子的文章做出了分析和評點。

父子三人其樂融融，此時應該是蘇軾一生中難忘的時刻，雖然有科舉考試的壓力，但是家中有慈祥的母親和溫柔的妻子等待著自己，身邊有嚴厲但很愛護自己的父親和從小一起長大的弟弟陪伴，心中更有一腔理想與抱負。人生如此，復有何求？按照宋代的科舉考試規則，為了防止考官和考生勾結徇私舞弊，所有的試卷收齊之後，都會有專門人員進行登記並且謄抄一遍，隨後再交給考官改卷。

可以說，這比起今天的密封制度還要嚴格，畢竟密封制度還是有辦法從筆跡等方式看出卷子的主人，這種謄抄之法則是盡可能地避免了權錢勾結的情況發生。

跟著考生同時在考試院與外界隔絕的考官們此時也是有些等不及了，考卷一送到，就開始進行分房閱卷，歐陽脩作為主考官，不可能每一份考卷都看到，一般由下面的其他考官先閱卷，選出一批優秀的來，再交給副考官閱卷，副考官

第三節　正如你來，恰好我在

通過之後才會交給主考官歐陽脩閱卷。

所以能夠被歐陽脩看見的考卷，本身已經是被精挑細選過的了。

當蘇軾的卷子被呈到副考官梅堯臣手上的時候，梅堯臣十分讚賞，立刻將其推薦給了歐陽脩，歐陽脩一連讀了好幾遍，對蘇軾的文章激賞不已，按捺不住想要將蘇軾的文章勾選為第一名。

但是歐陽脩很快轉念一想，這樣的文章，如此的文風，似乎和他的弟子曾鞏很相似。他當時覺得，這文章天下間恐怕也只有曾鞏能夠寫出來了。曾鞏被後人列入了唐宋八大家之中，文章自然寫得極好，只是他在參加科舉考試前，已經得到了歐陽脩的賞識並且拜入了歐陽脩門下。如果歐陽脩擔任主考官，他的弟子卻成了第一名，別人難免會不服氣，甚至歐陽脩也有徇私舞弊的嫌疑。

所以左思右想，歐陽脩還是把這篇文章評為第二名。而若不是他的一念之差，蘇軾的文章其實本應該是第一名。

此時的蘇軾和蘇轍信心滿滿，和父親一起慶祝一番之後，馬上就繼續投入了複試的準備之中。

禮部舉辦的第二輪考試主要是考經義，主要考量學生對於儒家典籍的理解，這門考試主要看考生學習儒家經典的時候是否下了苦功夫。蘇軾讀書本來就十分刻苦，在這輪考試

第一章　此心安處：詩酒年華正好

中以「春秋對義」即回答《春秋》中的問題獲得了第一名。

這個第一名是實至名歸的，完全不摻雜任何個人的喜好，更能夠看出蘇軾讀書的功底之深厚。

透過這一點其實也能夠看出，天下懷才者眾，為何只有蘇軾等寥寥幾人能夠獲得至高的地位。他們無一例外，在天分才情、道德修養和人生志向之外，還有與之匹配的汗水與努力。

是年三月，在禮部舉辦的考試中，合格者要一起參加由皇帝親自主持的殿試，這也是蘇軾第一次見到今後影響他一生的仁宗皇帝。

初次見到皇帝，蘇軾心中自然難免有些緊張，但他還是不卑不亢，敢抬頭面聖。在他看來，皇帝陛下固然威嚴有加，但也是血肉之軀。他相信，一位明君必然心思澄明。他感到體內的熱血在奔騰，彷彿距離忠君愛國的境界愈來愈近。再聯想到如今大宋天下，心中想要治國安民的志向也更加堅定了一分。在這次殿試中，蘇軾兩兄弟年紀輕輕卻氣度不凡，在策問環節展現出了大將之風。但因為年輕氣盛，蘇軾的文章寫得有些激進，不完全符合儒家中庸之道。再加上仁宗皇帝認為蘇軾太過年輕，如果讓他太過順利恐怕會助長驕逸之氣，所以仁宗皇帝並沒有給予蘇軾進士甲科也就是狀元、榜眼、探花的榮譽，而是賜予其進士乙科即進士及第出身。

第三節　正如你來，恰好我在

殿試之後，仁宗皇帝興沖沖跑到皇后寢宮中對皇后說道：「我今天為子孫和天下百姓找到了兩個太平宰相啊！」

仁宗皇帝如此賞識蘇軾和蘇轍兄弟二人，兩兄弟卻渾然不知。考試結果一出來，父子三人難掩喜悅。但在喜悅之餘，蘇洵心裡多少有些不太好受。兩個兒子都是第一次到京城參加科舉考試就榜上有名，自己卻是混了大半輩子，屢次參加考試都以失敗告終。百感交集之下，他還寫了一首打油詩：

莫道登科易，老夫如登天。

莫道登科難，小兒如拾芥。

人生不如意事十之八九。蘇洵並不是狹隘之人，他只願盡人事聽天命，將希望寄託在兩個兒子身上。兩個人沒有辜負自己的期望，蘇洵收拾起心情，第一時間帶著兒子去拜訪歐陽脩。因為在歐陽脩擔任主考官的時候考上功名，那麼蘇軾自然而然成為歐陽脩的弟子。既然還留在京城，蘇軾也理應去拜訪一番。

拜訪也不能空手而去，帶著黃金白銀之類的俗物當然也不合適。蘇軾覺得，既然是拜訪老師，最好的禮物當然還是作品。蘇軾帶給歐陽脩的作品是自己寫的一篇〈上歐陽內翰書〉，文章雖然全篇不足五百字，卻言簡意賅地回顧了大宋開國以來的文學發展歷程，並且對當前浮巧輕媚和過於務奇怪

第一章　此心安處：詩酒年華正好

癖兩種文風進行了分析，提出了自己對於文學發展的見解。

如果說在之前的考試中，蘇軾的發揮還受著題目的限制的話，這一篇精心撰寫的文章則是極盡可能地表現蘇軾的才學和見解。歐陽脩讀完之後，讚不絕口。他後來在寫給梅堯臣的信中說，自己讀完蘇軾的文章，竟然不知不覺汗流浹背，感到十分痛快。那時候他就預感到了，這個少年一定前程似錦，甚至成就一定會在自己之上。

面對這個可敬的後生，歐陽脩沒有吝嗇褒揚之詞。他大笑著拍了拍蘇軾的肩膀，表示未來三十年的文壇，將會是蘇軾的天下。除了對這篇文章大加讚賞之外，歐陽脩還對當初禮部考試時蘇軾的文章提出了一個小疑問。

當時歐陽脩已是文壇泰斗，蘇軾只是初出茅廬的毛頭小子，向後輩請教問題是需要勇氣的。但歐陽脩真正踐行了孔子講的「不恥下問」，絲毫不以為意，虛心地問道：「你那篇〈刑賞忠厚之至論〉裡面說：遠古時期的堯帝當政時，皋陶擔任司法官，有個人觸犯了刑罰，皋陶三次提出要殺死他，堯帝卻又三次赦免了他。這個典故不知道是出自哪裡？」

其實，這樣的提問反而顯出了歐陽脩的風範。事實上，越是地位高名聲大卻沒有多少本事的人，越是害怕讓別人看出自己的無知，於是他們會經常性地選擇不懂裝懂。

據說，某位名作家在一次參加作家交流會的時候，有

第三節　正如你來，恰好我在

人曾經當場問他有沒有讀過杜斯妥也夫斯基的作品，他坦率說自己沒有讀過。那個人做出一臉震驚的樣子。杜斯妥也夫斯基是俄國很著名的作家，在國際上名聲也很大，他作為一個作家居然公然宣稱沒有讀過，因此遭到了在場眾人的嘲笑。

當輪到這位作家發言的時候，他問眾人有沒有讀過尼爾科娃的作品，居然有一半人點頭表示自己讀過。這個時候作家笑了，他表示這個人根本不存在，是自己現場隨意亂編的名字。

歐陽脩勇於承認自己的無知，且虛心求教，這在氣度上就已經是大師風範了。

蘇軾在聽到歐陽脩的問題之後，告訴歐陽脩這個典故出自《三國志‧孔融傳》注。歐陽脩當然讀過這本書，只是他卻不記得有這個典故。蘇軾走後，他立刻翻看《三國志‧孔融傳》，卻依然沒有找到。

這下子歐陽脩更加好奇了，難道蘇軾讀的和自己讀的版本不同？於是在下一次見面的時候，歐陽脩再次追問蘇軾。蘇軾沒想到歐陽脩居然如此執著，笑了笑恭敬說道：「三國時期，曹操剿滅了袁紹，將袁紹的兒媳婦賞賜給了自己的兒子曹丕，孔融聽到後很是不滿，便說：『當年武王伐紂成功，將商紂王寵愛的妃子妲己賞賜給了周公。』」曹操也是從來沒有

第一章　此心安處：詩酒年華正好

聽說過這回事，趕忙問出自哪本書。孔融卻說：『並沒有什麼根據，只不過憑藉著今天的事情來推測古代的事情，想必古代也應該跟今天差不了多少。』學生我也是沒有什麼根據，只不過從堯帝為君的仁厚和皋陶執法的嚴格想當然地推測罷了。」

歐陽脩聽到這個解釋之後，忍不住擊節讚嘆，為蘇軾的隨機應變感到佩服。後來歐陽脩經常會跟別人談起這件事情，每次都免不了要稱讚蘇軾是會讀書、善於運用書本知識的人。

歐陽脩在文壇的地位頗高，有歐陽脩一而再、再而三的稱讚，蘇軾的大名很快就在京師傳開了。許多文人都感到好奇，這個備受文壇宗師稱讚的年輕人到底是什麼樣子。

不得不說，歐陽脩的眼光是獨到的，他從那麼多書生之中一眼就看中了蘇軾。歐陽脩曾經私下裡對自己的兒子說過：「將來我死十年之後，這世上將再也沒有人提我的名字。」

這當然是謙虛之詞。歐陽脩死後，依舊留名青史之上。他提攜的諸多後進都一一成才。蘇軾果然成為文壇新的盟主，不負歐陽脩所望。

第四節
撥動命運的指標

「三蘇」在京城揚了名，並且兩兄弟都成功通過了科舉考試，要問誰最高興，那恐怕一定是家中的母親和妻子。

但當時傳遞不便，家裡並不知道消息。

無論是古代還是現代，望子成龍的想法都是十分普遍的，這不是什麼封建思想，而是父母親對自己孩子天然的期盼。在古代社會中，女人對男人還有著一種不得已的依賴性，在一個家庭裡，女人只能依賴自己的丈夫和兒子。

蘇家的女人們對家中男人考上功名之期盼還有另外一個原因，那就是希望父子三人快點回家，一家人能夠團聚。萬一沒考中，少不了要去遊山玩水散散心，山高水長路途艱險，長期在外漂泊，家人總是免不了擔驚受怕。

此時，「三蘇」離家已有半年之久，思念隨著時間的累積而越來越深。蘇家父子三人一直在緊張地備考與考試，還時常參加宴集，和朋友出遊，這種思念還被分散了一些。家中的女人們卻是每日裡除了女紅之外別無他事。

「嫂嫂，現在應該已經考完了吧，妳說京城好玩嗎？他們

第一章　此心安處：詩酒年華正好

會在那裡待多久哇？」

　　蘇轍的妻子畢竟年幼，還滿是天真爛漫，總是纏著王弗問東問西。王弗只是笑了笑，抬頭看著遠方飄浮的白雲，或許丈夫就在某一片白雲之下吧。

　　她對丈夫的才華深信不疑，他一定會被世人賞識。只是不知道京城的氣候如何，聽說那邊冬天更冷，不知道自己在去年夏天就開始做的棉衣是否足夠厚實，能否抵禦那寒冷的北風。

　　更讓她擔心的是，婆婆的身體一天不如一天了，這兩天更是飯都吃不下，萬一有什麼不測，那丈夫該多傷心哪。

　　婆婆待自己也是極好的，王弗這幾天前後伺候，只可惜婆婆的病還是沒有一點起色，婆婆又不讓她寫信告訴遠在京城的父子三人，說是怕影響他們考試，連說自己的病不礙事。

　　從看病先生那緊皺的眉頭中，王弗自然已經看出了事情的嚴重性。但是婆婆既然不讓，她也不敢擅作主張，只能盡心盡力照顧好婆婆。

　　就在弟妹還纏著自己碎碎唸的時候，程氏的房間中傳來了侍女的一聲哭喊，王弗心中一驚，趕緊拉著弟妹朝著婆婆的房間小跑趕去。

　　死神無情，程氏終究還是走了，臨走還帶著對丈夫和兒

第四節　撥動命運的指標

子無盡的牽掛。世間事就是如此的無奈，一切都只能聽從命運的安排。

如果能再晚一個月甚至半個月，蘇軾兄弟二人高中的消息就傳到了眉山，程氏也能夠無憾離去。或者乾脆再晚半年，她就能夠在丈夫和兒子的陪伴中離去。

偏偏是在這個時候，丈夫、兒子都前途未卜，身邊只有兩個無助的女子。

當「三蘇」在京城裡接到消息的時候，三個人頓時失語。蘇軾和蘇轍已經情不能自抑，當即流下淚來。

臨行之時，母親的聲聲叮囑還彷彿在耳邊。那不捨的目光，還印在他們的腦海深處。終於等到了人生的得意之時，卻接到了母親的死訊。

蘇洵也萬分悲痛，多年與程氏相守，夫妻感情深厚。對於妻子的去世，蘇洵還有一份愧疚在其中。

蘇洵後來在祭祀妻子的悼文中寫道：「昔餘少年，遊蕩不學，子雖不言，耿耿不樂。我知子心，憂我泯沒。」程氏不僅照顧蘇洵的起居，盡到了一個妻子的本分，更為蘇洵的將來考慮，擔心丈夫擁有這樣的才華卻泯然於眾人。在蘇軾出生之前，程氏可以說為蘇洵操碎了心，但她也不好給丈夫壓力，只能暗地裡傷心擔憂。

《資治通鑑》的作者司馬光後來也為程氏寫過墓誌銘，

第一章　此心安處：詩酒年華正好

在〈程夫人墓誌銘〉中記載了這一件事情：當初程家是鉅富之家，蘇家只是小康之家，後來由於蘇洵不善於經濟，日子越來越貧窮。蘇洵二十七歲這年，有一天他長嘆一口氣問程氏道：「我感覺我自己還能學，但是這個家庭的生機還得依靠我，如果專心學習就顧不得生計，我該怎麼辦呢？」

程氏嚴肅地看著丈夫說道：「我早就想跟你說了，只是擔心你是因為我說了才去勉強學習，那樣即使學了也沒有效果，你既然素來有志向，那麼家庭生計的事情我來操心就可以了。」於是，程氏便將自己從娘家帶來的衣服首飾一一典當來維持家庭生計。

從這件事可以看出，程氏是一個心思極為細膩之人，她要讓這個家庭變得越來越好，這其中有多少艱辛，實在不足為外人道也。

我們完全可以毫不誇張地說，如果沒有程氏，就不會有「三蘇」。司馬光說她是「柔順足以睦其族，智慧足以齊其家」。其實還不僅如此，她更是能夠「開發輔導，成就其夫、子」。

這樣的人，雖然不如三遷之孟母、刺字之岳母出名，卻正是千千萬萬個這樣默默付出的母親、妻子，才成就了古代那燦如星辰的無數才子名臣。

此外，蘇洵是一個相當孤傲而且脾氣也很執拗的人，當

第四節　撥動命運的指標

初因為大女兒嫁到程家，程家對待女兒不好導致女兒去世的事情，蘇洵和程家的關係一度鬧得很僵。程氏作為程家人，既悲痛女兒的去世，又因為丈夫與娘家鬧成這樣，自己夾在中間左右為難。

後來兒子漸漸長大，作為母親的程氏還要操心兒子娶妻的事情。丈夫三人出行，她作為家中長輩，更是要操持一大家子裡裡外外的事情。

所以程氏的離世，也是因為積勞成疾。

古代的女性總是如此，嫁人之前要在家中幫助母親操持家務，出嫁之後不僅要照顧丈夫，還要孝順公婆，養育子女，可以說是最辛苦不過了。古代女性之所以壽命普遍比較短，恐怕和過重的家務勞動不無關係。

一接到程氏去世的消息，蘇洵趕緊帶著蘇軾二人趕回眉山。去的時候是春風得意，意氣風發，回來卻是馬不停蹄，心如刀絞。一來一去，同樣的路途，不同的心情。

三人回到家之後，才發現家中已經亂作一團。見到已經搭設好的靈堂，蘇洵抱著蘇軾、蘇轍痛哭不已。王弗已經累壞了，好在家中的主心骨終於都回來了，在蘇洵的主持下，將程氏下葬在了老翁泉。

傳說在月圓之夜，可以看見一個白髮老翁端坐於此泉邊上，走進去看那老翁卻消失在了水中，於是當地人就將其稱

043

第一章　此心安處：詩酒年華正好

為老翁泉。後來蘇洵號為「老泉」也是從此而來。蘇洵百年之後，也被葬在這裡，算是和程氏死則同穴了。

程氏之死，除了讓蘇軾和蘇轍悲痛不已之外，還給他們帶來了另外一樁影響，那就是他們必須守喪。

古代從漢朝開始，就有了丁憂制度，上至當朝宰相，下至平民百姓，父母親如果去世，在得知消息的那一天起，必須返回祖籍，守喪二十七個月。

儒家講「百善孝為先」，無論漢唐還是宋明，皇家都是以儒家思想為統治基礎的，丁憂制度也執行得比較嚴格，所以蘇軾與蘇轍必須回到眉山。

本來通過了科舉考試，還在京城揚名了的蘇軾應該等待禮部的最後一輪考核，然後被安排官職，此後便可以青雲直上，一展宏圖。

結果命運卻開了一個大大的玩笑，以一個無法抗拒也不能抱怨的理由，讓他不得不暫停自己的人生，選擇在眉山繼續蟄居二十七個月。

《禮記》要求，居喪但還沒有下葬期間，守喪者要每天讀喪禮，下葬之後，要每天讀祭禮。

蘇軾和蘇轍懷揣著虔誠，每天都會按照要求閱讀這些書籍。王弗想方設法幫助丈夫走出悲痛。既無法飲酒，也不能去遠遊散心，於是她便提議讓蘇軾去岳父王方家去待一段時

第四節　撥動命運的指標

間。蘇軾曾經在青神上過學，那裡對於他來說並不陌生。王方也是開明隨性的長輩，蘇軾不會太拘謹。

於是，蘇軾經常到岳父家去散心，王方也知道蘇軾心情鬱悶悲傷，這樣既不利於學習也不利於身體，就叫上叔伯表兄弟，一群人經常一起在青神的大山佛寺中遊歷，或者聽老僧講法，或者在溪邊野餐，日子漸漸開始平靜有趣起來。

蘇軾不知道的是，在岳父家，還有一雙單純幼小的眼睛正目不轉睛地盯著他，每一次他的到來，都能讓她心情激動好久，這個人喚作二十七娘，是王弗的妹妹。年輕時候口若懸河、才華橫溢的蘇軾，在這個時候，就已經在二十七娘的心中留下了深刻的印象。

和兩個兒子不同的是，蘇洵雖然也很悲痛，但是他不需要守喪，此時的他正在等待京城裡的任命消息。

雖然蘇洵並沒有通過科舉考試，但他的才華也得到了賞識。他在家中等候了快一年，本來一點消息也沒有。就在他以為希望落空之時，終於有一道來自京城的旨意下達，卻並不是蘇洵所想要的結果。

這道聖旨是要蘇洵破格前往京城參加另外一種考核。古代經常會有這種情況，比如唐朝的杜甫也一直沒能通過科舉考試，後來也是在天寶九年（西元 750 年）向朝廷上〈大禮賦〉，這才得到唐玄宗的賞識，讓他破格參加特殊考試，結果

045

第一章　此心安處：詩酒年華正好

因為奸相李林甫當政，依然沒能考上。

此外，南宋的姜夔也是如此，正規科舉考試未能考上，在慶元三年（西元1197年）向朝廷上〈大樂議〉和〈琴瑟考古圖〉都沒能受到重視，兩年後再次呈上〈聖宋鐃歌鼓吹十二章〉，這才得到破格考試的機會，卻依舊落選。

可見這種破格考試，通過的機會其實更加渺茫。

蘇洵也擔心自己再次落選，於是他寫了一封奏摺給皇帝，以自己年老多病為理由謝絕了。但其實蘇洵何曾不想考取功名，何曾不想為官一任造福一方。

他在寫給朋友的信裡面坦露了心思，他說自己不是一心想求取仕途，也不是一心不想求取仕途的人，但是他不願意拖著自己衰老多病的身體去委曲求全，讓他人恥笑。如果朝廷真的相信歐陽脩的話，既然歐陽脩已經推薦，那麼何必再讓自己去參加考試呢？

蘇洵到底是個驕傲的人，年齡大了就更加不願意去向那些他根本看不起的人低頭，被呼來喝去。第二年，朝中又有人推薦，蘇洵再次接到了朝廷的詔書，內容幾乎沒有什麼變化。

他又一次謝絕了朝廷的好意，表示自己已年近五十，倘若這個時候踏入仕途，既不能報效國家，又不能享受隱逸之樂趣，還不如索性當好一介白丁，還能享享清福。

第四節　撥動命運的指標

　　一年多的時間很快就過去了。蘇軾的仕途雖然因為母親之死而停滯，卻也難得享受了一段寧靜時光，沒有科舉的壓力，享受家人的陪伴。

　　命運的指標已經在暗中撥動，屬於他的時代正在到來。

第一章　此心安處：詩酒年華正好

第二章
家國之夢：星辰不及此心

第二章　家國之夢：星辰不及此心

第一節
夢想是溫柔的事物

　　曾經有人提出這樣一個看法，認為人和動物最大的區別，在於人類擁有想像力。因為各式各樣豐富的想像，人才能夠創造出很多世界原本不存在的東西。

　　夢想，就是對未來的想像。

　　包括孩童在內，每個人都想像過自己的未來。只是有人單單白日做夢，有人卻為此付出了畢生的努力。

　　蘇軾和天下千萬讀書人一樣，都有一個共同的夢想。這個夢想來自孔子，來自孟子，來自儒家其他所有的先賢們，最後被杜甫喊了出來。那就是「致君堯舜上，再使風俗淳」。

　　實現這個夢想的唯一途徑，參加科舉考試是第一步，還須在朝廷上獲得一席之地，為官做相，獲得話語權，才能夠有機會兼濟天下。

　　蘇軾原本很快就要踏上這一步，但是母親的去世讓他不得不停了下來。現在丁憂時間已過，蘇洵早早開始為兩個兒子思慮起來。

　　如果一直留在眉山等候朝廷的消息，那一切都只能夠陷

第一節　夢想是溫柔的事物

入被動，遠不如主動前往京城尋求發展。京城匯聚著大宋最傑出的人才，機會自然要多得多。

出發之前，蘇洵在妻子的靈位前站立了許久。上次離開是天人永隔，這次離開不知又要何時歸來。蘇洵請人幫忙去寺廟裡請了六尊菩薩像，放在了鍍金的佛龕中，將其供奉在極樂寺的佛殿中。他對著佛像說道：「妳如果靈魂能夠聽到，或者飛到了天上，或者遊蕩在四方，滿世界按照妳的意思去吧，就像是我遊歷四方再也沒有了牽繫。」

語氣沉痛，感情低迴。失去了程氏，蘇洵整個人無論是形體還是精神，都像是老了十歲。

一切安排妥當。因為這次短期內不打算回來，所以蘇軾的妻子和蘇轍的妻子也不能留在家中，一併帶上，另外還有蘇軾剛剛出生不久的兒子。

兩個女人很是高興，不僅是從未出過遠門，這一路上可以盡情地欣賞以前從未見過的美景，而且這一次的目的地是繁華的京城，整個大宋能有多少女人到過京城，這讓她們尤其興奮和期待。

當然，最讓她們開心的，是不用再和丈夫分別了。那一個人獨守空房，寂寞而牽掛的感覺實在太過難受。

這一次帶著家眷，自然不能和上一次父子三人出行一樣走山路，風餐露宿，所以一行人決定走水路。

第二章　家國之夢：星辰不及此心

水路是古代最為方便快捷的交通方式了，只是出蜀的水路可不是那麼好走的，在後半段要經過驚險的三峽。

出發的時候正是十月分，一年中少有的好時候。天氣已經漸漸涼爽，但是還不至於寒冷，天高雲淡，水闊魚閒，還有漫山紅遍，層林盡染。

這一路要經過嘉州、瀘州、渝州、涪洲、忠州、夔州，然後穿過三峽抵達江陵。到了江陵，七百里的水路就走完了，需要上岸再走四百里的旱路，然後才能抵達汴京。

這一次距離上次遠遊已經隔了將近三年，蘇軾兩兄弟上一次出行，還是初出茅廬的毛頭小子，凡事都要聽從父親的安排，甚至有點謹小慎微。在經歷了過往種種，兩兄弟都成熟了許多，現在的他們算是真正的男子漢了。

這次前往京城，前路一片光明。蘇軾心中只覺得有萬丈豪情，只想立刻走馬上任，去做一番大事業。這個時候的蘇軾，更願意將夢想付諸實踐，而不是空談策論。

這一路，見過各色的絕妙風光，三蘇父子都是文人，時常忍不住要去舞文弄墨，用一個個文采飛揚的文字、一首首膾炙人口的詩詞，去記錄這一趟不同尋常的旅途。

從嘉州登船的時候，蘇軾心中雖然也有一絲對家鄉的不捨之情，但更多的是對未來的期待。

第一節　夢想是溫柔的事物

初發嘉州（節選）

朝發鼓闐闐，西風獵畫旃。

故鄉飄已遠，往意浩無邊。

家鄉越來越遠，距離夢想卻越來越近。

涪州得山胡次子由韻山胡善鳴出黔中

終日鎖筠籠，回頭惜翠茸。

誰知聲嘈嘈，亦自意重重。

夜宿煙生浦，朝鳴日上峰。

故巢何戀足，鷹隼豈能容！

到了涪州的時候，他心中更滿是自信，小小的眉山的確容不下他了，鷹隼自然要搏擊長空、展翅高飛。

一直生活在眉山的蘇軾，上一次出遊看的是陸地上的風景，這一次坐船，是第一次看到如此奇特的水上風景。坐船和陸行的心情也是截然不同的。

在陸地上，既要擔心天色太晚無處投宿，又要擔心走得太久了腳力不支，更兼有虎豹蛇蟲，防不勝防。在船上則不一樣，吃住都有船家處理，這一次還帶著妻子和弟媳，一切瑣事都有人照料。蘇軾只需要和父親、弟弟談詩論道，吟風弄月。

一般情況下，船隻很是平穩，不會有太大的顛簸。速度

第二章　家國之夢：星辰不及此心

也是極快的，符合了蘇軾快速抵達汴京的心境。看著兩岸秀麗的山峰和奇特的岩石都飛快地向後倒退，蘇軾心中既感到新奇，又十分舒暢。

江上看山

> 船上看山如走馬，倏忽過去數百群。
> 前山槎牙忽變態，後嶺雜沓如驚奔。
> 仰看微徑斜繚繞，上有行人高縹渺。
> 舟中舉手欲與言，孤帆南去如飛鳥。

在船上看著兩岸的山峰，好像是自己沒有動，而山峰如同奔馬一樣，倏忽就是幾百座山峰過去了。山峰山嶺千奇百態，變化萬千，在絕壁之上還能隱約看見一條小徑，有上山砍柴的樵夫，如同行走在雲霧之間的神仙。蘇軾想要和那樵夫打個招呼聊聊天，只可惜船行太快了，就像是飛鳥一樣，根本沒有這個時間。

全詩氣勢活潑，描寫生動細膩，沒有真實的坐船經歷是絕對寫不出來的，而且必須是在湍急的長江一帶才能夠看到這樣的景象。尤其是最後一句，看似尋常話語，寫詩人的動作和心理，更是直接就將人帶入了那種情景之中，年輕的蘇軾在寫詩的時候，就已經能夠做到舉重若輕，展示出了詩人超凡的觀察力和運用語言的能力。

這一路順流而下，他們也會在船家休息或者是碰到名勝

第一節　夢想是溫柔的事物

古蹟的時候,上岸前去瞻仰一番。

這一天,一行人路過忠州。這裡有一座屈原塔,自然不能錯過。

屈原在所有文人的心中,都是一個不能夠忘卻的名字。從德行上,他以強烈的愛國主義情懷感染了無數後人;從文學上,他獨創一體的楚辭不僅直接為漢賦奠定了基礎,那奇特的想像力和「香草美人」的比興象徵系統,也對後代詩人影響重大。

屈原是楚人,一生的活動軌跡都在楚地。忠州在古代也屬於楚地,但是屈原從來沒有來到過忠州,這裡卻有一座屈原塔。蘇軾在〈屈原塔〉一詩中,為這個問題給出了自己的回答,他認為「南賓舊屬楚,山上有遺塔。應是奉佛人,恐子就淪滅。此事雖無憑,此意固已切」。

他猜測,應該是那些仰慕屈原、受到精神感染的虔誠者,擔心屈原就此被世人遺忘,所以在這裡立下了一座屈原塔。儘管這件事情是沒有憑據的,但是似乎合乎情理。

在屈原塔前,蘇軾腦海中不斷回顧著屈原的事蹟,口中吟誦著屈原的〈橘頌〉、〈離騷〉、〈懷沙〉等詩篇,心中久久不能平靜。

屈原是知道楚國滅亡所以沉江殉國的。而沉江一事,也有許多人提出了不同的看法。比如班固在〈離騷賦〉中就說屈

第二章　家國之夢：星辰不及此心

原是「露才揚己，忿懟沉江」，對這一行為顯然有些意見。

蘇軾也在塔前思考著，人生的意義到底是什麼？屈原為什麼要沉江自殺？

最後他找到了屈原之所以慷慨赴死的原因，他說：「古人誰不死，何必較考折。名聲實無窮，富貴亦暫熱。大夫知此理，所以持死節。」

從古至今，誰能不死？何必去計較自己是長壽還是短命呢。

功名富貴都是暫時的，能夠在歷史的長河中留下的，只有高潔的品行和可貴的精神，屈原正是知道這個道理，所以才選擇了以死來保持自己的節操哇。

離開忠州，他們繼續朝著目的地出發。時序侵尋，經過的地方也越來越多，蜀地關於三國的遺跡不少，比如著名的八陣圖就在四川的夔州，這裡還是杜甫曾經待過很長一段時間的地方。

離開蜀地來到三峽，這個時候的江流越發地湍急起來，三峽全程有三百多里，其險還不在於流水很快，更在於江底下有許許多多看不到的暗石和漩渦。古代也並沒有什麼專業探測的東西，只能靠著經驗老到的船伕控制著行船一一躲過。

來到了三峽地帶，這一段路不好走。進入了深秋時候，

第一節　夢想是溫柔的事物

氣候變化莫測,所以船伕經常需要上岸休整,有時候還要避開過往的官船和大型的商船。

和蜀地多歷史遺跡不同,這裡的許多景點都和神仙傳說有關。

在有修行的道人羽化成仙之後留下的仙都,蘇軾如此寫道:

仙都山鹿

日月何促促,塵世苦局束。仙子去無蹤,故山遺白鹿。
仙人已去鹿無家,孤棲悵望層城霞。
至今聞有遊洞客,夜來江市叫平沙。
長松千樹風蕭瑟,仙宮去人無咫尺。
夜鳴白鹿安在哉,滿山秋草無行跡。

他這首詩並沒有正面去寫仙人如何,而是將著眼點放在了仙人身邊的那隻白鹿上。前朝李白曾經寫過「且放白鹿青崖間,須行即騎訪名山」,白鹿是仙人隱逸的代表性動物。

在詩中,他寫到了這隻白鹿在仙人離去之後的孤獨,並且將古今拉入了同一個時空之中。在這首詩裡面,白鹿不僅是仙人存在過的證明,更是蘇軾超逸精神的寄託物。

秋去冬來,蘇軾在船上迎來了這一年的冬天。與出發時深秋的景色不同,此時天地已是一片雪白,兩岸寂靜無比,只有三峽的江水依然奔騰不休。

第二章　家國之夢：星辰不及此心

在舟上，蘇軾一家子圍坐在小火爐邊，身旁放著幾碟小菜，爐子旁還溫著一壺酒。

蘇軾突然想到了歐陽脩曾經寫過一首詩，內容是雪，但是通篇都沒有提及「雪」字或者是用常用的形容雪的「白」、「羽毛」、「柳絮」等詞。這種形式被後人稱為「禁體詩」。

這種詩最為考驗一個詩人的想像力和對語言的創造能力。蘇軾提出，不如也來寫一寫。蘇洵和蘇轍都覺得很有意思，樂呵呵參與了進來。

此時，蘇軾在詩歌藝術技巧上的打磨也已經到了高超的地步，中晚年寫詩寫得不留痕跡，如同水中著鹽，看似乎淡，實則有味，看似瘦癯，實則豐滿。這一切，都離不開此前對技藝的精心磨練。

他寫雪，卻沒有「雪」字，而是「青山有似少年子，一夕變盡滄浪髭」。

將青山比作是少年人，一下子變成了老年人。雖然並未正面寫雪，卻寫出了滿山白雪的狀態。

大家在船上一共待了六十多天。到了江陵的時候，所有人都不免有些疲憊了。此時已經接近歲末了，大家索性決定上岸找個地方住一陣子，等到來年開春了，再從陸路北上京師。

第一節　夢想是溫柔的事物

這六十多天的旅程裡，蘇軾父子三人寫下了不少詩歌，為了留作紀念，他們將其編為一冊，命名為《江行唱和集》。在這部集子當中，有蘇軾的詩四十二首，這四十二首詩對於研究蘇軾的詩歌風格發展變化歷程十分重要。

現在許多不怎麼讀書尤其是不讀詩的人，多少對古人寫詩有一些誤解，認為他們寫詩尤其是寫景物詩，是出於一種無聊或者賣弄，真正的情感應該是發自內心而不著文字的。

其實這只是他們對自己無法透過文字來表達內心感受的一種逃避的說辭，蘇軾在《江行唱和集》的序言中說道：「夫昔之為文者，非能為之為工，乃不能不為之為工也。山川之有雲霧，草木之有華實，充滿勃鬱，而見於外，夫雖欲無有，其可得耶？」

他說，過去那些寫文章的人，不是他們故意想要寫得那麼工巧，而是不能不寫得那麼工巧。山川有雲霧之美，草木有春華秋實之美，這些美都來自於充實的內在，卻自然表現在了外面。文人們也是如此。他們從生活、自然中感受到了一些東西，內心有著蓬勃之氣，只不過是透過詩文表現出來罷了。

在江陵停留的時間裡，蘇軾和蘇轍經常會結伴出遊，去看看這一帶的風土人情，並留下許多詩篇。蘇軾寫了一組十首五律〈荊州〉，其中最後一首尤其受到父親的稱讚。

第二章　家國之夢：星辰不及此心

> 柳門京國道，驅馬及春陽。
> 野火燒枯草，東風動綠芒。
> 北行連許鄧，南去極衡湘。
> 楚境橫天下，懷王信弱王！

這一首同樣是感懷古事而作。詩人騎著馬從荊州古城門經過，暖暖的初春陽光照耀在臉上，城外有農人放的燒枯草的野火還沒有熄滅，而東風吹拂之下，已經有綠色的蓬勃春意。楚國往北可以到許州、鄧州，往南一直到了衡山和湘江，楚國的國境是如此寬廣，可是楚懷王居然困死在秦國，真是一個無能的君主。

三、四句寫野火燒掉了一切舊的東西，新的生機與活力已經開始顯現。最後四句寫楚國之事，看似是對楚王的譴責，其實是說大宋有著更加寬廣的疆土，他更應該奮發有為，像屈原一樣為國效力，九死無悔。

第二節
理想主義大放光輝

現代詩人流沙河曾經有過一首關於理想的詩篇，雖然語言淺近，但頗受廣大學生喜歡。他寫道：「理想是石，敲出星星之火；理想是火，點燃熄滅的燈；理想是燈，照亮夜行的路；理想是路，引你走到黎明。」

哪個少年沒有過雖然不說出口但一直深藏在心中的理想，只是後來被歲月摧折，心中理想大都成了回憶往昔崢嶸歲月時候的唇邊苦笑。

北島在散文〈波蘭來客〉中寫道：「那時候我們有夢，關於文學，關於愛情，關於穿越世界的旅行。如今我們深夜飲酒，杯子碰到一起，都是夢破碎的聲音。」

多少人的理想就像是夢一樣容易碎裂，但總有那麼一些人，他們即使是經歷了人生的風霜雨雪，心中理想不僅沒有熄滅，反而成為燎原之勢，即使身體衰朽了，火焰依然熊熊燃燒。

西元1060年，也就是宋仁宗嘉祐五年，在江陵過完年才出發的蘇軾父子三人，在新年的二月中旬，終於來到了汴京。

第二章　家國之夢：星辰不及此心

　　一家人先是在西崗租了宅院安頓了下來，準備先休息一段時間，順便等候朝廷對蘇軾和蘇轍的任命。這處宅院帶著一個小花園，而且遠離鬧市，綠樹環繞，很是清幽。在這段日子裡，三人又將在江陵至汴京途中所作的詩編為〈南行後集〉。

　　春花爛漫的三月，蘇軾的任命通知下來了。他被任命為河南府福昌縣的主簿，弟弟蘇轍則被任命為河南府澠池縣主簿。

　　「主簿」這個官職並不大，是名副其實的九品芝麻官，管理一縣之地的公務文書，倒也輕鬆。兄弟兩個都在河南府，相隔並不算很遠。

　　但兩兄弟商量了一下，不打算接受這個官職。因為次年很快就要舉行制科考試，如果這時候接受了官職，考試就不能參加了。

　　所謂的制科考試，和科舉考試並不同。科舉考試三年一次，是有固定的程式規範的。而制科考試是由皇帝下詔特別舉行的，等於是特殊人才選拔考試，什麼時候舉行，幾年一次都是說不準的事情。

　　這就是蘇洵要帶著兒子從眉山大老遠跑來京城的原因了，如果依舊待在眉山，恐怕根本就不知道這個消息。即使有朋友得到消息之後寫信告訴了蘇洵，那在路上也要耽擱好

第二節　理想主義大放光輝

幾個月,準備的時間也要大大縮減。

現在一家人搬來了京城,起碼消息要靈通得多。蘇軾兄弟兩個有足足一年的時間專門準備這場考試。

制科考試考核極嚴,難度也極大。大宋三百多年,皇帝共詔舉制科考試二十二次,但是通過的只有四十一人,這可比考上清華機率要小得多。

制科考試還必須得有朝中大臣舉薦,再經過六名考官舉行考試。在這個基礎上及格了的人,才有資格接受皇帝的親自考核。

拿到了考試名額,兩人明白這次考試事關重大。何況兩人破釜沉舟,還為此推辭掉了朝廷的任命,自然要全力以赴。

儘管住宅已經十分偏僻,但是難免還是有不少人情往來。蘇軾和蘇轍為了全力以赴投入備考,乾脆搬到了更遠處的懷遠驛站中。

一天晚上,蘇軾和蘇轍二人正在燈下苦讀。外面風雨忽至,恰好蘇軾讀到了韋應物所寫〈示全真元常〉一詩。詩中有一句「寧知風雪夜,復此對床眠」。這句詩和當時的情景十分契合,蘇軾唸給了蘇轍聽,兩兄弟都因為這句詩而感慨良多。

這句詩的意思是說,在風雨之夜,我們對床而眠,不知

第二章　家國之夢：星辰不及此心

　　道今後什麼時候還能有這樣的時候。兄弟二人從小就在一起，無論是讀書還是遊玩，無論是進入私塾還是進京趕考，都是形影不離，感情十分深厚。

　　只是今後踏入仕途了，注定就要天各一方，這樣坐在一起讀書的日子，也會越來越少了。

　　許多感情，都是失去才知道可貴，「賭書消得潑茶香，當時只道是尋常」，許多曾經一起做過的平淡小事，在日後回憶起來都是那麼令人回味。

　　想到這裡，兩兄弟都有些悲從中來。兩個人約定，不管將來發生什麼情況，都要盡情施展抱負，等到功成名就後及時歸隱，到時候再一起煮茶溫酒，燈下夜讀。

　　這個夜晚深深刻在了兩兄弟的腦海中，此後行遍千山，歷經冷暖，都有這一份兄弟之情溫暖著彼此。

　　只是可惜，兩人沒能夠實現這一晚的約定，人生將無常展現得淋漓盡致。

　　第二年八月，制科考試開始了。在制科考試中設賢良方正能直言極諫、博通墳典明於教化、才識兼茂明於體用、詳明吏理可使從政、識洞韜略運籌帷幄、軍謀宏遠材任邊寄六科，蘇軾考取「賢良方正能直言極諫科」第三等。

　　宋朝的制科考試一共分為五等，可別因為蘇軾只是第三等就覺得蘇軾考得不算好，其實這五等之中的第一等和第二

第二節　理想主義大放光輝

等從未有人得到過，實際上就是個擺設，只是為了給考試的人一個向上努力的目標而已。

這第三等，在此之前只有一個叫做吳育的人考上過。吳育還是三次等，就是比蘇軾的三等還要低半等。也就是說，蘇軾其實已經是當時大宋歷史上參加制科考試獲得的最高名次了。

蘇軾後來回憶起這次考試。那時候他已經被貶謫到了黃州，自嘲說道：「當年我參加制科考試成績很好，那時候以為自己真的可以直言極諫，沒想到直言一回，我就被貶謫一回，現在都把自己搞到黃州來了。」

此時的蘇軾躊躇滿志，滿腔都是致君堯舜的抱負。

說起來，這也是君王的矛盾。一方面，他們不愛那些直言進諫的臣子，就連一代明主唐玄宗也好幾次都想斬了魏徵。但是一方面，他們又往往表現出一副求賢若渴的姿態，希望對那些能夠直言勸諫的臣子給予包容。

或許，這是人的本性。忠言利於行但畢竟逆耳，每個皇帝一開始都想當明君，但是後來很快發現，明君需要克制忍受的東西太多了，遠不如當個昏君來得痛快享受。

這個時候的宋仁宗，就很想當個好皇帝。

蘇軾以五十篇策論通過制科考試，這五十篇中涉及了國家朝政的各方面，以蓬勃的激情和敏銳的觀察能力針砭時

第二章　家國之夢：星辰不及此心

弊，對不合理的地方也絕不留情，進行尖銳批判。

他的這些策論文章，受到了歐陽脩等主考官們的一致欣賞，甚至就連宋仁宗看到了也並沒有表現出絲毫不高興，反而真心覺得蘇軾是個人才。要知道，蘇軾說的這些弊病，從某種程度上就是在講宋仁宗無能，不能治理好國家。

弟弟蘇轍雖然沒有蘇軾這麼高的才氣，但是也順利通過了考試，考取了第四等。而且據說蘇轍在參加考試之前突然大病了一場，這件事情居然也驚動了皇帝。當朝宰相韓琦說：「今年的制科考試中，蘇軾和蘇轍兩兄弟有著極高的聲望，要是蘇轍因為病了無法參加考試，那實在是太遺憾了。」

兩兄弟同時參加科舉考試高中，又同時參加制科考試，按照兩人的才華來看通過考試是十拿九穩，這可是百年難遇的盛事，將來必定成為一樁美談。雖說朝廷的政令不能夠朝令夕改，但是這制科考試涉及的人員還不算太多，何況也是為了盡可能招賢納士，所以宋仁宗特意調整了考試的時間，向後延遲了一段時間。

兩兄弟已經攢足了進入仕途的資本，名頭一時無兩。作為父親的蘇洵在欣慰的同時也感到有些失落。

不過很快，蘇洵夢寐以求的朝廷的詔令也下來了。蘇洵被任命為校書郎，且不用去參加任何考試。隨即朝廷又給了

第二節　理想主義大放光輝

他一份差使，讓他為宋朝的先帝們撰寫傳記。

這個職位和差使蘇洵都很滿意，他本來就是愛書之人，性格又比較古板自傲。真讓他去官場上摸爬打滾，他反而渾身不自在。讓他擔任校書郎，為皇帝寫傳記，倒也算是人盡其才了。只是這其中還是有個問題，他所要寫的人都是當朝先帝，這些人有的很英明神武，也有一些做了不少糊塗事，寫傳記講究一個真實，可是他所寫的對象畢竟是曾經的皇帝，當朝皇帝的先人，如果將他們的一些不好的事情都如實寫來，那麼豈不是在侮辱皇帝的先人？

這可讓蘇洵犯了難。按照他的本意，自然應該秉筆直書，但當朝皇帝，即使是以仁德為諡號的仁宗，也絕對不允許有人在將要載入史冊的歷史書中將自己先人的種種陋行如實記載。

因此，蘇洵寫得很痛苦。他後來在自己的文章中曾經提起過這件事情，他說：「我認為即使是祖宗做事也不可能沒有一點差池，那些不好的事情，都刪去不記載，而只記載一些編纂的故事，這不是能夠讓後世遵行的典章制度，我所寫的屬於史書，史書就應該按照實情去記載，不能選擇性地記載⋯⋯即使先人偶然有一些過錯，但那些小的過錯也不足以妨礙他們的賢明，反而是可以讓後人對他們的賢明不至於懷疑。」

蘇洵看得很清楚，「人無完人」這句話不是說說而已。任

第二章　家國之夢：星辰不及此心

何人都有一定的瑕疵，即使是孔聖人也是到了七十歲才能夠從心所欲不踰矩，更何況豈能人人有聖人的德行操守？那些歷史中記載的越是賢明的君主，後人看起來反而越是懷疑，因為好得太過就顯得很假了。

但是，這些道理他也只能在自己的文章中私下議論。先皇的傳記怎麼寫，是不由他來決定的。

蘇軾和蘇轍一起通過了考試之後，他們的任命也很快下來了。蘇軾被授予了大理評事、鳳翔府簽判的官職，蘇轍則被任命為商州推官。簽判是掌管文事工作的，工作內容上有些類似於今天的祕書，但是擁有實權。推官則是掌管審案的，類似於今天的法官。這兩個官職都是正八品，雖然調離了京城，依然屬於中央直接管轄。

剛來京城的時候，朝廷給他們的官職都是九品小官。參加考試後，起點直接變成了正八品的官職，這個考試還是很值得的。

蘇軾和蘇轍兩兄弟商量了一番，覺得父親年齡大了，現在又擔任了為皇帝撰寫傳記這樣比較勞累的工作，身邊還是得有個人照顧。蘇轍主動要求留下來照顧父親。

這一年十一月，正是天氣嚴寒的時候，蘇軾收拾好了行李，帶上妻子王弗和出生不久的兒子蘇邁，與父親蘇洵和弟弟蘇轍告別。

第二節　理想主義大放光輝

　　這是兩兄弟第一次分別這麼久。蘇轍心中不捨,一直驅馬相送了數十里地。

　　兩個人都很傷感。現代人通常無法理解古人為什麼不過是一次尋常的分別,就搞得像是生離死別。現代人分開了還能打個視訊,想見面買張票就可以。但古人的每一次分別,都很可能是最後一次相見。

　　很多今天看來很容易治癒的疾病,在當時都是絕症。就算是擦破皮了傷口感染,都是有可能導致喪命。旅途中還有各式各樣的意外發生,能夠活下去真是不容易。

　　那一天,蘇轍一直送到了鄭州西門之外。

　　送君千里終須一別。分別之際,蘇軾寫下了一首長詩。

辛丑十一月十九日既與子由別於鄭州西門之外

　　不飲胡為醉兀兀!此心已逐歸鞍發。
　　歸人猶自念庭闈,今我何以慰寂寞?
　　登高回首坡壠隔,但見烏帽出復沒。
　　苦寒念爾衣裘薄,獨騎瘦馬踏殘月。
　　路人行歌居人樂,童僕怪我苦悽惻。
　　亦知人生要有別,但恐歲月去飄忽。
　　寒燈相對記疇昔,夜雨何時聽蕭瑟?
　　君知此意不可忘,慎勿苦愛高官職!

第二章　家國之夢：星辰不及此心

雖然因為要長途跋涉沒有飲酒，可是蘇軾還是感覺好像已經醉倒。雖然才剛剛出發，但是心好像已經要歸去了。

蘇軾登上高坡，看著蘇轍回去的背影。弟弟已經走遠，隱隱約約還能看見他頭上戴的烏帽。於是蘇軾想到了蘇轍這一趟出門穿的衣服還有些薄，又是一個人騎馬趁著月色回去，好不孤獨。

路上有人唱歌行樂，童僕怪蘇軾太過傷心了。蘇軾也知道人生終有分別的時候，只是這歲月過得實在太快了，當初他們在燈下聽著夜雨的情景還一一在目，什麼時候才能夠再一次相聚呢？蘇軾知道蘇轍記得當初的約定不能忘卻，千萬不要太留戀高官厚祿，而忘了一起歸隱的約定啊！

詩中有不捨之情，有擔憂與牽掛，更多是對未來的期待。是兄弟兩人在那個寒燈冷雨的夜晚，一起親手種下的期待。

第三節
言有物，行有格

在儒家思想中，立德修身是一件十分重要的事情。只是後來的儒學家們漸漸將立德修身異化成了浮於表面的條條框框和停留於嘴邊的子曰詩云。儒學妨礙社會進步的原因並不在於儒學思想本身，罪責更不在於孔孟，而在於後世那些不知變通的頑固思想家，以及當面一套背地裡一套，做著戕害人性的事情，卻要拉著儒家思想為自己辯護的男盜女娼之徒。

《禮記‧緇衣》中講，「言有物而行有格也，是以生則不可奪志，死則不可奪名」。一個人如果說話實實在在，言之有物，行事有規矩法度，那麼他活著的時候沒有什麼人和事情能夠改變他的志向，死了也沒有什麼人和事情能夠改變他的美好名聲。

如果所有的讀書人、所有的儒學家都能夠記住這句話並且躬行之，那麼他們口中心心念念的大同社會早就來到了。

只是他們大都嘴上講的是虛浮的「之乎者也」，空談仁德，做的卻是一些壓榨百姓、追名逐利的事情。哪一個貪官沒有讀過聖賢書，大道理能講得頭頭是道，做起事來全然變

第二章　家國之夢：星辰不及此心

了一副嘴臉，遑論道德規範的約束，即使是法律條文，在他們心中也只是如同廢紙。

蘇軾從小苦讀儒家經典，儘管在中後期，他思想中道家和佛家的滲透很明顯，但是在青年時期，主導他的整個言行的，始終是儒家濟世救民的思想。

此去鳳翔，雖然官職不是很高，但也是可以為國家為百姓做出一些貢獻的。是以蘇軾就職，除了對家人有些不捨之外，心中還是抱有期待的。

在赴任的路上，蘇軾經過澠池，這是一個能夠勾起回憶的地方。

就在五年前，蘇軾前往京城趕考也經過這個地方，還曾經在這裡的寺廟中借宿，和弟弟蘇轍一起在寺廟的牆壁上題詩。

古人都有在牆壁上題詩的習慣，最好的題詩之處就是黃鶴樓這樣的名勝之地。這些地方來往遊人很多，只要作品出色，很快就能揚名四海。

湖北的黃鶴樓上，就有一首崔顥所題的七言律詩，其中「晴川歷歷漢陽樹，芳草萋萋鸚鵡洲」兩句，讓黃鶴樓周邊許多地方都連帶著一起出了名。傳說後來李白登樓，本來也想題詩，結果看見了崔顥的詩，自覺怎麼寫也難以超過，索性不寫了。

第三節　言有物，行有格

　　後來，李白來到了金陵鳳凰臺，在鳳凰臺上題詩一首，在形式上和崔顥這一首頗有些相似，看得出來應該是故意所為。

　　在牆壁上題詩的行為從兩漢時期開始興盛，在唐代最為風靡，宋代更是數量眾多。可不要以為古人在名勝古蹟的牆壁上題詩是一種不文明的行為，一來敢在牆壁上題詩多少都有兩把刷子，寫出來的作品往往能夠成為藝術品；二來古人也不是隨便找塊牆壁就題詩了，當地為了招攬文人墨客，會專門設立一堵供人題詩的牆壁。

　　名勝古蹟畢竟不能時時遊覽，古代文人一生有許多的時間是在路上，不是進京趕考就是前往某地求職或者赴任。

　　旅途之中最容易牽引起他們的種種情感，所以在郵亭、驛站、寺廟這些文人經常投宿的地方，往往是題壁詩最多的。

　　關於蘇軾的題壁詩，我們最熟悉的莫過於上過課本的〈題西林壁〉了，他青年時期在這澠池寺廟牆壁上和蘇轍一起題的詩並不為人知曉，這一次他再次來到這個地方，當初盛情款待他們的奉閑和尚都已經去世了，當初題詩的牆壁牆皮脫落，那上面的詩也就看不清了。

　　僅僅五年時間，就已經是物是人非。人能夠在這個世界上留下些什麼呢？連那寫在牆壁上的詩句，都隨著時間而模

第二章　家國之夢：星辰不及此心

糊不清了。我們在人世間的印記，再過百年之後，是不是也會同樣脫落，從天地之間消失得無影無蹤？

蘇軾一時間心中感慨萬千，提筆寫下了他青年時期最為膾炙人口的一首詩〈和子由澠池懷舊〉：

人生到處知何似，應似飛鴻踏雪泥。
泥上偶然留指爪，鴻飛那復計東西。
老僧已死成新塔，壞壁無由見舊題。
往日崎嶇還記否：路長人困蹇驢嘶。

人生在世，就像是飛鳥短暫停留在雪地上一樣。飛鳥偶然在地上留下了自己的腳印，隨即高飛而去不知蹤影。雪花紛紛飄落，這腳印也很快就被覆蓋，白茫茫一片，彷彿那飛鳥從沒來過。那奉賢老和尚已經死去了，他死後身體被火化，骨灰被埋葬，在他的骨灰上築起了一座新塔，當初題詩的牆壁也已經腐朽了，過去的題詩也看不見了。當初蘇軾他們一起前往澠池，結果路上馬死掉了，騎著瘦弱的驢子來到的這裡，路途是那麼遙遠，人也十分睏乏了，只聽見驢子的嘶叫聲。

這首詩，通篇寫的都是兩個字，即「無常」。世界循環往復、永不停息地變化，人也是生老病死，誰也無法預料明天。這種偶然性和無法預知性，很容易就會把人導向一種絕對的絕望，既然一切都無常，那麼一切也就都沒有了意義，

第三節　言有物，行有格

理想、事業、功名，都是虛無的，都是不由人的。

但是蘇軾並沒有進入到絕望之中，他反而從無常之中掌握到了一種超然。既然人活一世，我們不能決定任何外在的東西，那我們不如盡力去做自己應該做的和想做的，把其中遭受的種種不幸和磨難都當作尋常看待。

本來蘇軾就是抱著一腔愛國熱情想要積極入世，在澠池頓悟之後，「無常」與「入世」產生了奇妙的反應，讓他能夠以一種平和的心態，戰勝仕途上的風風雨雨，一心一意只為實現自己的理想。

十二月十四日，蘇軾終於來到了鳳翔縣。這一千一百七十里的奔波，讓蘇軾一路上思考了許多。

鳳翔的地理位置十分重要，當時宋朝國力衰弱，西夏等國對其虎視眈眈，鳳翔便處於和西夏的交界地帶。

從宋仁宗康定元年（西元1040年）到慶曆四年（西元1044年），這四年裡西夏幾乎每年都要入侵中國騷擾邊境地帶。他們民風彪悍，又十分擅長馬上長途奔襲，邊境的守衛者根本就無法阻擋他們。而他們也並不是為了占領土地，只是為了奪取糧食，一番燒殺搶掠之後便消失得無影無蹤。

對付這樣的對手是很難的。大宋雖然兵力上遠勝於西夏，但是由於邊境線很長，防守的兵力便相對比較薄弱了，而且西夏每年都來騷擾，邊境地區的百姓一次次被劫掠殺

第二章　家國之夢：星辰不及此心

害，以耕地為主的農業模式也無法維持下去，導致這一帶的百姓都十分貧窮，日子過得朝不保夕。

朝廷為了解決這個問題也打過幾仗，只是西夏兵強馬壯，還真打不過，最後只能退而求和。

按照慶曆四年（西元 1044 年）與西夏達成的和平協議，宋朝每年要給西夏送去大量的物資和銀兩，而這些東西最後都是要從百姓身上搜刮的。

拿銀子換和平的策略，可以說是整個宋朝主要的國策。這個國策不僅讓宋朝的大臣們爭論不休，後人也是對此意見頗多。有人說，大宋太軟弱了，用銀子換來的和平只會助長外敵的囂張氣焰，也注定無法長久，只有血戰把外敵打痛了甚至徹底消滅，才能夠保持長久的和平。也有人認為打仗所要花費的人力物力是驚人的，甚至這個數量遠超過了每年送出去的銀兩，這樣還不如直接給銀子，還免得勞民傷財。

但就是這一步步的退讓、一點點的妥協，最後導致了靖康之難的發生。

這當然都是後話。蘇軾自從進入陝西境內，一路上所看到的，雖然還不至於「白骨露於野，千里無雞鳴」，但是也差不多是滿目瘡痍了。

還沒上任，蘇軾便下定決心，一定要為百姓多做點實際的事情，讓百姓的生活過得好一點。

第三節 言有物，行有格

到了自己的任所，蘇軾馬上就去拜見了鳳翔知府宋選。宋家和蘇家是世交，宋選和蘇洵也是認識的，所以給予蘇軾很高的信任。

由於這一次帶著家眷，蘇軾不可能直接住在任所。因此他買下了一處庭院，照例選擇的是有水有庭院的幽靜之所。安頓好了妻子，蘇軾這才積極投入到工作中去。剛剛上任，蘇軾已經敏銳地發現了一樁需要改革的弊政。

在北宋的官府衙門中，有一類人叫做「衙差」，都是給各級官員打下手的，屬於最低等的公務員，而在這些衙差中，有一種叫做「衙前」。

衙前的主要職責是負責押送官府需要的物資。古代交通不便，走路都很艱難，更別說押送大宗貨物了。所以衙前也是一個很危險的差使，尤其是有一條規定，這條規定是衙差在押送貨物的途中如果把東西搞丟了或者損壞了，那麼需要衙差來賠償。

這聽起來，衙差這個差使倒像是官方的鏢行了，不僅要負責押送貨物，還要對貨物的安全全權負責。

這當然是為了防止衙差翫忽職守或者監守自盜，但是古代出行的路上意外那麼多，以一個衙差的身價，根本就不可能償還得起官府的貨物。

鳳翔府衙前的主要任務是往京師運送來自終南山的竹

第二章　家國之夢：星辰不及此心

木。鳳翔一帶道路艱險，從鳳翔到京城，需要從渭河水路進入黃河，還要通過三門峽，然後抵達京城。

別的地方都還好，只是三門峽一帶水流湍急，即使是大船都很有可能出現事故，更何況衙前根本沒有財力乘坐大船，只能自己將竹木編成木筏，那危險程度又上升了好幾個等級。

所以鳳翔府的衙前往往是因為一趟差使，且不說人能否僥倖活下來，萬一貨物丟失了，自己還得賠得傾家蕩產。

蘇軾發現了這個法令不合理之後，馬上就寫信給當朝宰相韓琦，說這一差使「破蕩民業，忽如春冰」，希望朝廷能夠給予解決。

同時，他也沒有將解決辦法完全寄託於朝廷，而是在當地廣泛地聽取大家的意見，尤其是衙前的意見。他最終了解到，雖然這一路上十分危險，但是如果能夠趁著渭水還有黃河還沒有漲潮之前起程，就不會太過危險。

官員們哪裡會聽衙前們的意見，他們根本不肯睜眼看別人的疾苦，說要什麼時候運送就要什麼時候運送。蘇軾將這件事稟告給了上司之後，立刻修改了政令，果然大大改善了衙前的處境。

從這件事中可以看出，知府宋選也不失為一個合格的地方官，起碼他能夠聽取下一級官員的意見。

第三節　言有物，行有格

在鳳翔，雖然蘇軾沒有做什麼驚天動地的大事，但是他非常善於從小地方見出大道理，並且藉以警醒自己。

六年前，蘇軾進京趕考的時候曾經經過鳳翔。他本來想在鳳翔的官驛中借宿，可是這裡是破敗不堪，根本無法讓人投宿，無奈蘇軾只能改換他處。這一次再次來到鳳翔，他舊地重遊，發現這裡已經煥然一新。原來是新任知府宋選為來往客人考慮，專門安排人將其修葺了一番。

為此，蘇軾很是開心，專門寫了一篇〈鳳鳴驛記〉，在這篇文章中他發出了這樣的感慨：

嘗食芻豢者難於食菜，嘗衣錦者難於衣布，嘗為其大者不屑為其小，此天下之通患也。《詩》曰：「豈弟君子，民之父母。」所貴乎「豈弟」者，豈非以其不擇居而安，安而樂，樂而喜從事歟？夫修傳舍，誠無足書者，以傳舍之修，而見公（指宋選）之不擇居而安，安而樂，樂而喜從事者，則是真足書也。

曾經習慣了吃美味佳餚、穿光鮮錦衣的人，就很難再去吃野菜、穿麻布衣服了。曾經做過大事的人也就不屑於去做一些小事情了，這是天下人共同的毛病。《詩經》中說和善可親的君王，是百姓的父母親，所難能可貴的難道只是和善可親嗎？難道不是因為他們不挑剔自己居住的環境而依然感到安心快樂，並且願意為百姓做事嗎？宋選修葺驛館，其實沒有什麼好說的，但是從他修葺驛館，可以看出宋選不挑剔

第二章　家國之夢：星辰不及此心

自己的居住環境而能夠安心快樂，並且願意為百姓做事，這才是真正值得書寫的。

在蘇軾仕途的最開始，宋選這位在歷史上並不出眾的長輩，為蘇軾好好上了一課，教會他如何為百姓辦實事。「一屋不掃何以掃天下」，總是著眼於大事，想著幹出一番大事業是年輕人的通病，有遠大理想無可厚非，但是如果不屑於從小事做起，那就是好高騖遠了。

《道德經》中說「天下難事必作於易，天下大事必作於細」，荀子的《勸學》中也說「不積跬步無以至千里，不積小流無以成江海」，都是講的事情要從小做起，放到為官上，則是要務實。

一個真正為民著想的長官，必然是務實的。蘇軾從宋選身上看見了這一點，並且牢牢記在了心中。從此以後，他每到一個地方，無論擔任什麼官職，都會在職權範圍內盡量為百姓做事。

杭州的蘇堤，就是最好的見證。

第四節
君子肩頭落風雨

高中歷史課本總結過,宋朝最大的體制問題是冗官、冗兵、冗費。

宋朝吸取了唐朝中後期藩鎮割據的教訓,將各級官員的權力都限制得死死的,為了限制權力就要將權力分攤,就要增加人手去監督權力的實施,最終導致了各級官員人浮於事,機構臃腫,甚至常常無法決定自己的本職職務。

由於宋朝開朝太祖趙匡胤就是兵變當上的皇帝,太宗趙光義實際也是憑藉武力奪得皇位,因此宋朝對武將體系看管得尤其嚴重。宋朝兵員雖多,但大都集中在中央,平時也無戰事,導致戰鬥力十分低下。守備各處邊疆的軍隊,朝廷也實行輪換制度,經常更換將領,導致將不識兵、兵不識將的情況時有發生。

冗官、冗兵的問題,共同導致了冗費的問題。朝廷開支極大,這些開支最後都要攤派到民眾身上,最後導致宋朝的百姓承受著本不應該的極大負擔。

這是宋朝整個官僚體制乃至國家機制的問題。宋朝湧現

第二章　家國之夢：星辰不及此心

出了那麼多的能人，並不是沒人能夠看到，但是沒有人有能力去改變。因為這些看起來對國家百害而無一利的措施，卻是維持皇權穩定的關鍵，任何一任君王都絕對不會允許有人動搖這根本。

蘇軾初涉官場，或許還沒有看見整個國家層面的問題，即使他看見了，也是無能為力，但他不會自暴自棄，而只會繼續做好自己該做的。

這積重難返的天下，的確不是個體就能夠輕易扭轉的。但是他自己選擇當個好官，就能夠幫助到一部分百姓，為官一任，造福一方，這是蘇軾心中的信念。

有一天夜裡，寒風呼嘯。第二天一早醒來，蘇軾發現外面已經是一片雪白，居然下了一夜的大雪。

蘇軾是四川人，四川雖然偶爾也能見到飄雪，但是和陝西、甘肅比起來，卻也是小巫見大巫了。看到這樣的雪景，蘇軾忍不住衝出門去賞雪。

雪真是無價之寶，他擔心雪很快會化掉，騎著馬趕緊出去看，身上還披著蓑衣。這一路上居然沒有發現一個腳印，看來他是第一個出來賞雪的人。

在天地一色的雪地裡，蘇軾怡然自樂，恍然不覺已經是中午了。寒風吹來，他也感覺到了一絲寒冷，忽然有了新的體悟。這樣天寒地凍的雪天，我吃飽穿暖出來賞雪都覺得

第四節　君子肩頭落風雨

冷，還有那麼多衣不能蔽體、食不能充飢的窮苦百姓該怎麼辦哪！

這個時候他才想到了為什麼一路上都沒有腳印，村子裡也是靜悄悄的，原來是因為他們衣服太過單薄所以不敢出來，是因為吃不飽所以才沒有力氣說話。恰好這個時候，不遠處的烏鴉突然飛起，將樹枝上的雪驚落了。

早上起床的時候本來是開開心心的，這個時候已經一片愴然。對於文人墨客來說，這雪是極美的景色，是值得歌詠的對象，對於窮苦百姓來說，這雪很可能是要人命的劊子手，是索命的陰差。

不僅僅是冬天的雪讓蘇軾揪心，他在鳳翔簽判任上，還遇見過好幾次十分嚴重的旱災，每次都痛心不已。

古代中國是農耕文明發達的社會，農耕文明比起游牧文明來說要相對穩定很多，但是也會面臨許多意外天災。

老一輩人常說「靠天吃飯」。大家辛辛苦苦忙活一年，能不能有個好收成就全靠老天爺了，有時候天幫忙比起人幫忙還要重要得多。

可是天意自古難問，什麼時候下雨什麼時候天晴，當時是很難預測和掌控的。當遇到自然災害的時候，人們束手無策，儘管不知道那個到底存不存在的老天爺幫不幫忙，也只能夠寄希望於它了。旱災來臨，蘇軾和百姓一樣心急如焚，

第二章　家國之夢：星辰不及此心

祈求上天快快降雨。

神靈究竟存不存在，儒家始終抱著很謹慎的態度。孔子既「不語怪力亂神」、「未知生焉知死」，但同時他也「祭神如神在」。可見孔子對於神靈是否存在也是拿不準的。所以他既不迷信神靈，也不怠慢神靈，做好自己該做的，盡人事而聽天命。蘇軾也是如此，他看著幾近絕望的百姓，心中到底不忍。

他準備用他那當世無匹的辯才，為百姓說說理。

在鳳翔縣旁邊，有一片崇山峻嶺被稱作秦嶺。秦嶺──淮河一線是南方與北方的分界線，在氣候上也是溼潤區與半溼潤區分界線。

聰明的古人早就發現了秦嶺──淮河兩邊的不同之處。在秦嶺最高大的山峰太白峰上，有一個廟宇，在廟宇之前有一個小池塘，當地人相信龍王就住在裡面，所以蘇軾求雨便要到這裡來。

蘇軾很用心地寫下了一篇言辭懇切的〈祈雨文〉。在文中，他描述了百姓的艱苦，如果久不下雨天下大旱，人民沒有糧食吃了，天下就會盜賊蜂起，豈止是當地的官員們因此而憂慮，難道一方山神就能夠熟視無睹，心安理得地坐視嗎？

求雨過後，竟然湊巧真的下雨了。但是降雨量太小了，

第四節　君子肩頭落風雨

對於莊稼來說是杯水車薪。蘇軾認為，這說明神靈還是靈驗的。為什麼只下了這麼少呢？蘇軾認為是因為太白山的神靈是唐朝冊封的，當時被封為公爵，宋朝卻將其封為了侯爵。

古代爵位分為公侯伯子男五級，由唐朝的公爵降到了宋朝的侯爵，這山上的神靈肯定是不高興了，所以才沒有滿足百姓的需求。

於是蘇軾向朝廷寫了一封奏書，請求將太白山上的神靈恢復為公爵，並派人將此事告知神靈，又從太白峰前的池塘中取了一盆水，稱其為「龍水」。

過了幾天，龍水取回來了。當日蘇軾和太守一起親自去迎接，出發的時候就陰雲密布，只是雨水怎麼也不肯下來，蘇軾便又和太守一起到真興寺中禱告。民間傳說，路上一朵烏雲飄浮在他身邊，他伸手抓了幾把藏在了籃子裡，並且對烏雲說：「我們太守可是一心為民，誠誠懇懇祈求下雨，希望神靈能夠為之感動。」

禱告完畢之後，他和太守一起出去迎接龍水。龍水剛剛到，天邊就雷聲四起，狂風呼嘯。他將龍水放在祭臺上，默默誦唸了祈雨文。不多時，果然天空下起了瓢潑大雨，萬民歡欣，地裡的莊稼終於活了過來。

看到百姓展開笑顏，蘇軾感到一種喜悅湧上心頭。有了這場雨，意味著很多人可以躲過飢餓，甚至可以從死神的手

第二章　家國之夢：星辰不及此心

中重獲新生。為了紀念這次難忘的求雨經歷，他特意將後花園的亭子改名為「喜雨亭」，並且寫下了一篇驚豔後人的〈喜雨亭記〉。

經過了這件事情，蘇軾似乎對神靈的事情更加篤信了一些。第二年的七月，到了莊稼正在生長急需要雨水的時候，鳳翔這裡又是乾旱無雨，蘇軾再次出馬去祈雨。

只可惜，這一次並沒有上次那麼靈驗，失望的蘇軾將希望轉向了蟠溪邊的姜太公。

姜太公到底靈不靈驗？已經沒有任何憑證了。古代社會，對一些無能為力的事，人們往往會寄希望於「天」。如漢朝董仲舒以後的儒家，在將天子與天神關聯起來之後，以君權神授的方式提升天子的權威，也以「天人感應」的說法對天子提出限制。

因此在古代，如果出現了什麼異常的自然現象，都被認為是天子做錯了事情，皇帝是需要下罪己詔歷數罪過的。

民間也是如此，如果向神靈提出什麼請求卻沒有應驗的話，一定不是神靈不存在或者神靈有什麼問題，而是自己身上出了毛病，而最常見的說法就是「心不誠」。

所謂「心誠則靈」，其實求神拜佛都不過求個心安。如果真的將所有希望都寄託在神靈身上，這樣的人恐怕就是神靈也束手無策。

第四節　君子肩頭落風雨

除了求雨之外,蘇軾還有不少頗為離奇的傳說。

據說,蘇軾從鳳翔返回京師,在路過白華山的時候,隨行一個侍從突然將身上衣服全部脫光。別人連忙幫他穿上了,他又繼續脫,狀若瘋狂。大家紛紛說道:「這個人肯定是做了什麼事情得罪了山神了,這是山神要懲罰他。」

蘇軾聽了,來到了山神廟中。他口若懸河對著山神說了一通,解釋說這侍從相對於山神來說就像是隻螞蟻、蝨子一樣渺小,又怎麼足以讓神靈發威懲罰他呢?如果說他有什麼不敬的地方,這樣的小罪也用不著山神出手責罰,難道是有什麼高官富貴者犯了什麼大錯有人庇佑,所以山神不敢責罰他們,而將怒氣施加在一個小兵卒身上?自己只是一介小官,身邊一個人病了一件事就辦不成,希望善生能夠赦免他。

禱告完畢之後,蘇軾正要離開山神廟,忽然一陣飛沙走石,侍從們都無法行走。蘇軾卻怡然不懼向前走去,並對身邊人說:「難道山神的怒氣還沒有消除?我不怕他。」

其他侍從實在是害怕,勸蘇軾回去向山神請罪。蘇軾卻說:「我的命是由天帝掌握的,如果山神一定要發怒降罪於我的話,那就由他好了,我偏要前行,看他能奈我何!」

蘇軾繼續大步向前,一點也不肯向山神服軟,這山神似乎也是個欺軟怕硬的傢伙,很快風就止息了,那個「發瘋」的

第二章　家國之夢：星辰不及此心

兵卒也恢復了正常。

諸如此類的故事當然不足信。想必是後人太過於佩服蘇軾，所以才在他身上附會了這些真真假假的故事。

在鳳翔任上，蘇軾雖然一心只想為百姓辦實事，可他的官職不高，受困於宋朝臃腫的官僚體系，許多事情都由不得自己，因此經常被迫閒下來。

人在本來應該忙碌的時候閒下來，就很容易覺得發悶。好在鳳翔是有名的古都，名勝古蹟不少，可以讓蘇軾去進行一些文化探索。這裡有秦刻的石鼓文，有王維畫的竹子、吳道子畫的佛像，還有真興寺、秦穆公墓等，被人們稱為「鳳翔八觀」。蘇軾每當煩悶的時候，就會去這些地方轉轉，一方面瞻仰古人，一方面也為了排遣內心的鬱氣。

他在孔廟裡輕撫著穿越千年的石鼓文，心事重重。想當初，韓愈也曾經看著這些斑駁的文字，感嘆自己生得太遲了，而蘇軾距離韓愈又已經是百年之後了。

這石鼓文據說是周宣王時期留下的文字。從孔子開始，歷代的儒生誰不想回到那個文治武功、禮樂和諧的周朝去？石鼓文已經歷經了兩千多年，經過了秦朝焚書坑儒的慘禍，還依然能夠流傳下來，已經是奇蹟。人世間朝代都已幾經更迭，更何況是人呢！撫今追昔，蘇軾慨嘆不已。

第四節　君子肩頭落風雨

　　蘇軾自幼喜歡繪畫，對王維和吳道子兩位畫家更是深愛之。他對王維詩畫的評價「詩中有畫，畫中有詩」已經成為文學史上的定評。

　　在鳳翔的普門寺和開元寺，就分別有著這兩位畫家的真跡。蘇軾對那些畫作細細品味，不僅從畫藝上，更從精神上得到了某種共鳴。王維和吳道子都酷愛佛家，但兩人又有所不同。

　　吳道子的畫更加奔放雄偉，就像是蘇軾的性格一樣；而王維的畫更加沉靜內斂，具有詩的氣息，這符合蘇軾對於詩歌技巧上的追求。由於對兩位畫家實在過於喜愛，他經常早晨騎馬去看，深夜才返回家中。

第二章　家國之夢：星辰不及此心

といい
第三章
風起雲湧：來路終有歸途

第三章　風起雲湧：來路終有歸途

第一節
向著微光跋涉

　　看花聽鳥，觀山弄水，再有二三知己談詩，一位佳人相伴，優遊快活的生活是每個人所嚮往的。這樣的生活會讓人忘記時光的流逝，直到某一天恍然驚醒，過去的日子才如一場大夢一般，在自己的生命裡留下永恆的記憶。

　　以蘇軾的才華，他完全可以過上宿柳眠花、醉生夢死的生活，或者是萬事不關心，就在鳳翔任上「且將新火試新茶，詩酒趁年華」。

　　但是他不想這樣。理想有時候不僅是一根繩索，在人跌落深淵的時候借力攀爬，也會是一根刺，當人醉在舒適鄉裡的時候，它會從心尖尖上扎你一下，讓人及時警醒。

　　在鳳翔的這段時間，蘇軾談不上公務繁忙，主要因為很多事情他有心卻無力。衙前的事情他雖然盡力解決了，卻也治標不治本。他心裡明白，天下冒著生命危險和傾家蕩產危險的衙前又何止鳳翔一處。

　　嘉祐八年（西元 1063 年）三月，宋仁宗駕崩了。

　　宋仁宗之死，讓蘇軾很是傷心。他是仁宗欽點的天子門

第一節　向著微光跋涉

生，仁宗對他和蘇轍一直信任有加。

在中國歷史上，宋仁宗算不得一個很有作為的皇帝。他是宋朝第四位皇帝，在位時間也是最長的。很多人質疑他，因為他與西夏打敗仗，不得已簽訂了「慶曆和議」。大遼藉機施加壓力，宋朝無奈只能向大遼繳納更多的歲幣。

其實，這也不能算是仁宗的錯。宋朝從開國之時就已經落入了弱勢，仁宗在位期間任用了范仲淹等人，希望能夠改革弊政，增強國力，只是國內阻礙太多，最後不了了之。

《宋史》對於他的評價是「為人君，止於仁」，算是十分中肯了。仁宗在位期間，國家還算安定，尤其是經濟和文化十分繁榮。他對於朝臣也多有寬容，著名的包青天包拯就是仁宗朝的官員。

但是「止於仁」，換成現在的話就相當於「你是個好人」或者「挺好的」，一般在說出這樣的話的時候，後面肯定還有半句不好的話沒有說出來。

臣子蔡襄就說過，宋仁宗是「寬仁少斷」。雖然寬厚仁慈，能夠聽取臣子們的意見，但是到底聽取誰的、任用誰的，就顯得優柔寡斷了。

明末思想家王夫之也說宋仁宗是「無定志」。他在位期間，兩府大臣換了四十多人，手下人像是走馬燈一樣，在位置上都沒做成什麼事就被替換掉了，這樣的輪換雖然讓有能

第三章　風起雲湧：來路終有歸途

力的人得到了被任用的機會，卻沒有給他們發揮才能的足夠時間。

蘇軾對仁宗的評價頗高。他說：「仁宗皇帝在位四十二年，搜攬天下豪傑，不可勝數。既自以為股肱心膂，敬用其言，以致太平，而其任重道遠者，又留以為三世子孫百年之用，至於今賴之。」

仁宗皇帝去世後，擺在蘇軾眼前的問題是：朝廷讓鳳翔府運送大量木料送往京城，為仁宗皇帝修建陵墓。

這件事情很是令人焦慮，光砍伐木料就很下功夫。木料好不容易準備完畢，鳳翔府又遇上了大旱，乾旱的天氣使得河水乾涸，導致木料根本運不出去。

為此蘇軾很是揪心，在與弟弟蘇轍的往來書信詩詞唱和中也提到了此事。他說「橋山日月迫，府縣煩差抽。王事誰敢憨，民勞吏宜羞」。皇帝去世了，時間很緊急，府縣動用了大量的民工，這是為了皇帝做事情，誰又敢心懷怨恨呢？只是民夫們太過勞累，官吏們看了也覺得很羞愧。

無法水運，那就只能夠靠人工運輸了。

「千夫挽一木，十步八九休。」上千人抬著巨大的木料，由於太過勞累，走十步幾乎就要休息八、九次。看到這樣的情景，蘇軾不禁心如刀絞，「對之食不飽，餘事更遑求」，連飯都吃不下了，更別說別的事情了。

第一節　向著微光跋涉

好在過了一些日子，終於下了幾場秋雨，蘇軾的心情也漸漸好轉。

「劬勞幸已過，朽鈍不任鎪。秋風迫吹帽，西阜可縱遊。聊為一日樂，慰此百日愁。」繁忙的公務已經過去，蘇軾的身體也快到達極限。秋風吹拂著，他準備去西山遊玩，暫且用這一日的歡樂去慰藉自己之前的憂愁。

在鳳翔任上，蘇軾其實可以過得很自由享受。但是這不符合他內心的道德律，對於想要為民為國出力的他來說，實際上卻過得很沮喪。

他時常感到年華流逝，陷入貌似充實的忙碌。有的時候，他會對著鏡子感到恐慌。「萬事悠悠付杯酒，流年冉冉入霜髭。」他還很年輕，要表達的不是身體上的衰老，而是心神的衰老。

意義感的喪失，是蘇軾失落的主要原因。他曾以為上任之後，狀態會是風風火火的。理想在鳳翔扎根，他全心全意幫助百姓改善生活，改革弊政。實際上，許多事情他都無能為力，深深的挫敗感讓蘇軾感到心累，開始生出思鄉的愁緒，便寫下了這首詩：

題寶雞縣斯飛閣

西南歸路遠蕭條，倚檻魂飛不可招。
野闊牛羊同雁鶩，天長草樹接雲霄。

第三章　風起雲湧：來路終有歸途

昏昏水氣浮山麓，泛泛春風弄麥苗。

誰使愛官輕去國，此身無計老漁樵。

那一天，蘇軾為了舒緩心情，登上了寶雞城樓。站在城樓上朝著西南處眺望，那是家鄉眉山的方向。眉山是那樣遙遠，中間隔著萬水千山。即使如此，他的魂魄也早就飛到了自己的家鄉。家鄉現在已經是一片春色，在寬闊的草地上，牛羊自在吃草，大雁和鷺鳥在高空飛翔，一眼望過去，在天之盡頭，遠樹似乎連接著雲霄。水氣昏暗在山頭浮動，柔柔春風吹動著青青麥苗。故鄉是多麼美好哇，誰讓他選擇了遠離家鄉去當官呢？這輩子或許都無法如漁夫樵夫一樣自在生活了。

這首詩寫得很是沉痛。家鄉越是美好，越是襯托出蘇軾在異鄉的無所適從。

讓蘇軾更加難以接受的是，他很尊敬的太守宋選離開了鳳翔，新任太守與蘇軾之間的合作並不愉快。

新太守姓陳，武人出身，所以有些沙場氣質。作為一個官員，他並不是無能之輩。在長沙為官的時候，他曾抓捕了一個犯罪的僧人，那僧人與許多權貴交情頗深，但是陳太守一點也不顧及，仍然將其依法處置。還有一次，他發現有一夥男子扮作巫師，在鄉里為非作歹，欺騙百姓，這些人有七十多人，陳太守將他們全部抓起來狠狠懲治了一番，並且

第一節　向著微光跋涉

將他們遣返故鄉務農。

這樣一個人，其實很有魄力，但有時也會剛愎自用。蘇軾和他是同鄉，兩人一個驕傲一個強硬，不可避免會發生矛盾。

矛盾往往是從小事情開始累積起來的。比如蘇軾的職責本來就是擬寫公文奏章，但是蘇軾寫好的東西，陳太守看見了往往會進行改動。這就讓蘇軾很是不滿，文人向來討厭別人改動自己的文字，何況是他認為很不合理的改動。

陳太守也覺得蘇軾這個人少年成名，性子有些狂妄。因此蘇軾幾次拜訪，他要麼避而不見，要麼故意讓蘇軾等候很久。

但這樣的矛盾，不影響陳太守對於蘇軾文采的佩服。他在太守公館裡修建了一座「凌虛臺」用來登臺觀賞景物，還請了蘇軾來為凌虛臺作文，並刻在石碑上。

蘇東坡滿口答應，但是心裡已有主意。平日裡陳太守刁難他，面對上司他也無法反抗。趁著這個機會，他準備趁機好好報復一下。

最後，蘇軾寫了篇充滿諷刺意味的〈凌虛臺記〉。建築文大多極力描寫周圍景物和建築本身的特色，最後往往還要誇讚建造者的功績和人品，才是一篇合格的亭臺樓閣記，比如范仲淹的〈岳陽樓記〉。

第三章　風起雲湧：來路終有歸途

　　可是蘇軾的這篇〈凌虛臺記〉，先在文中諷刺了陳太守命名的不合理，隨後寫這凌虛臺坍塌的狀態，並且譏諷太守不知道城外有山。為他人作志記寫成這個樣子的，還真是獨一份。

　　陳太守並非沒有讀出其中深意，他大笑而過，將其原文刻在了石碑上。這件事情反而讓蘇軾意外，發現這位陳太守其實也是性情中人。儘管因為性格的緣故，兩個人有些合不攏，但並不算是敵人。從此以後，他開始佩服起陳太守的果敢，兩人的關係緩和了不少。

　　後來陳太守去世，蘇軾專門為其撰寫了墓誌銘。古代落魄文人經常透過為他人撰寫墓誌銘來賺取潤筆費，而蘇軾一生只寫過七篇墓誌銘，陳太守便在其中。可見蘇軾對陳太守已經並無怨念，反而心中是頗為尊敬的。

　　陳太守的命運有些坎坷，他是因為被人檢舉收受賄賂而被判處死刑的。他的兒子陳慥隱居在黃州，後來蘇軾正好被貶謫到黃州，這也是其政敵的有心之舉。他們知道蘇軾和陳慥的父親曾經有過矛盾，將蘇軾貶謫到黃州就是想要陳慥找蘇軾麻煩。但是他們沒有想到，陳慥雖然和父親一樣是個急性子，喜歡舞刀弄槍，但並不是不講理之人。他知道父親的死和蘇軾沒有關係，也知道父親其實很欣賞蘇軾，所以蘇軾來到黃州之後，他不僅沒有使絆子，反而經常提供幫助，與蘇軾儼然忘年交。

第一節　向著微光跋涉

在鳳翔的那段日子，對蘇軾來說有些煎熬。他清楚感受到，那不是他想要的生活。但是他覺得，既然有為國為民的責任心，如果遇到不順心如意的時候就想著逃避歸隱，這樣的人只能稱之為懦夫。

因此，他除了偶爾在詩中感慨，現實中依然打起十二分精神來對待每一個人，盡可能去做好每一件事。

一天早上，小雪飄飄。他坐在窗前，提筆給蘇轍寫下了一首詩：

九月二十日微雪懷子由弟二首（其一）

　　岐陽九月天微雪，已作蕭條歲暮心。
　　短日送寒砧杵急，冷官無事屋廬深。
　　愁腸別後能消酒，白髮秋來已上簪。
　　近買貂裘堪出塞，忽思乘傳問西琛。

鳳翔九月的時候就已經下起了小雪，好像已經有了歲暮的意思。白天越來越短，家家戶戶都傳來了趕做冬衣的砧杵之聲，像蘇軾這樣閒居無事的官員，都躲在家中不出門。自從分別之後，愁緒催逼之下，只能借酒消愁，近來頭髮白得越來越多，髮簪上都已經清晰可見。但是蘇軾近日已經買好了貂裘大衣，只要朝廷的任命一到，蘇軾願意為國遠出西塞建功立業。

這就是蘇軾，不管自己心中有再多委屈和無奈，依然時

第三章　風起雲湧：來路終有歸途

時刻刻等待著能夠為國家效力的機會。

仁宗嘉祐九年（西元 1064 年），他在鳳翔的任期結束。第二年正月，蘇軾就帶著全家回到了京城。

三年任期已滿，朝廷會派人考察他的績效，也叫做「磨勘」。也就是說，朝廷會根據考核績效來決定接下來的任命。

回到京城的蘇軾可以照顧父親了。這次換蘇轍走出京城，前往大名府做官了。

此時仁宗已去世，繼位的是英宗。英宗早就聽說了蘇軾的大名，準備將其破格提拔為翰林。但是宰相韓琦覺得他還缺乏歷練，此時讓其青雲直上，對於蘇軾來說並不是一件好事。

英宗又準備將其任命為專門記載宮中公務的官員，韓琦再次否定。因為這個職位其實和翰林的性質差不多，都是為皇帝起草詔書。

在中國古代，相權長期以來都是和皇權相互制衡的關係，韓琦之所以接連阻止皇帝將蘇軾提到身邊去，是因為他很看好蘇軾，希望他能夠為國為民做事，而不是成為皇帝身邊的寵臣，只是為皇帝做事。

最終，英宗還是聽從了韓琦的建議，讓蘇軾正常參加職位考試，在史館任職。

對這個決定，蘇軾欣然接受。他正好可以藉此機會飽覽國家收藏的珍貴典籍，讓自己站在巨人的肩膀上。

第二節
時光裡走失的愛人

　　生命裡，有人來了又走，只留下斑駁足跡，彷彿隨著一聲輕嘆，便煙消雲散。

　　她來了，在生命的天空掛上一道彩虹；她走了，那片天空，永遠多了一角陰雨連綿。

　　回到京城的蘇軾，成為一名館閣之臣。

　　這個職位官銜雖然不高，權力也不大，但是勝在清貴。他可以結交名士，也能夠飽覽群書，不失為一件幸福的差事。

　　本以為，他可以從此過上舒心的生活，看書作畫，陪伴家人，或與友人飲酒談詩。

　　不知道是不是孟子說的那樣，天將降大任於斯人也，總是要透過各式各樣的手段來「苦其心志，勞其筋骨，餓其體膚，空乏其身」。這年的五月二十八日，蘇軾生命中最重要的女人──妻子王弗去世了。

　　其實在鳳翔的時候，王弗的身體就有點虛弱，但蘇軾總是樂觀看待，覺得妻子還很年輕，回到京城找個名醫自然能夠調養好。

101

第三章　風起雲湧：來路終有歸途

　　只是沒想到，生命並沒有那麼多的來日方長。

　　蘇軾的官職落定之後，王弗也鬆了一口氣。但同時她也感受到，自己身體每況愈下，或許已經時日無多了。在最後的時光裡，她一邊假裝鎮定，不讓蘇軾過度擔心，一邊又忍不住多有勸誡，擔心丈夫的臭脾氣總是得罪人。

　　王弗的突然離去，讓蘇軾感到很不適應。心口的悲傷完全抑制不住，卻又不知如何宣洩。作為一個成年人，許多苦，他不知道該跟誰訴說了。

　　他忽然想起了那一年，王弗穿著紅衣走進蘇家宅院的樣子。她抿著嘴笑，眼中滿是溫柔，那樣明豔動人。

　　蘇軾有一首〈蝶戀花〉，很符合蘇軾與王弗初見的情形。

　　記得畫屏初會遇。好夢驚回，望斷高唐路。燕子雙飛來又去。紗窗幾度春光暮。

　　那日繡簾相見處。低眼佯行，笑整香雲縷。斂盡春山羞不語。人前深意難輕訴。

　　女子躲在畫屏後面乍然相見，只這一眼，便日日夢中相會。外面的燕子都是雙飛雙去，紗窗之外，又是幾度春光遲暮。可是我與妳久久無法再見。還記得那一天我們在繡著花的簾幕旁相見，妳低眉垂眼，裝作要走的樣子，卻又微笑著整理自己的髮絲。眉頭輕輕皺起，害羞得不敢說話，心中有許許多多的話想說，可是在人前怎麼好意思輕易說出口。

第二節　時光裡走失的愛人

　　妻子如此嬌羞，令蘇軾輾轉反側。如今，人已經永遠離開了自己，只好把那生動的樣子深深刻在心裡。

　　那時候，蘇軾還沒有進京趕考。時常他在燈前讀書，王弗在旁邊安安靜靜做女紅。有時他背書卡住了，她居然能夠提醒。原以為只是意外，後來他隨意抽出一本書選一章來提問，王弗雖然不能如同後世的李清照一般「賭書消得潑茶香」，卻也能夠講出個大概。蘇軾驚訝地看著身邊的女子，沒想到她除了溫柔賢淑之外，還有這樣的學識。

　　眼前燈火搖晃，蘇軾眼光迷離。他還想起了當初在鳳翔的時候，自己初出茅廬，冒冒失失的，老是不經意間得罪人。王弗經常等到蘇軾回來了之後，會仔細詢問他在外面做了什麼說了什麼，暖心地去提醒和安慰。

　　王弗經常對蘇軾說，「你父親不在身邊，許多事情沒有長輩指點很容易做錯，就更加要小心一些，不能像以前一樣不當一回事了。」有時候，她也會將蘇洵的話拿出來告誡蘇軾，讓他時時刻刻反省自己的言行。

　　有人來家裡拜訪蘇軾，王弗會躲在屏風後面觀察。有一次，一個拍馬屁之人來訪蘇軾，蘇軾卻沒有看出來對方的意圖，和人家真心實意交談了好久。後來等到客人走後，王弗走出來跟蘇軾說道：「你跟他這樣的人還講那麼多大實話幹麼，他聽你說話，只不過是想迎合你的意思來奉承你而已。」

103

第三章　風起雲湧：來路終有歸途

　　這所有的回憶，都紛紛翻湧起來，就像蘇軾眼眶裡的淚。音容笑貌仍在眼前耳邊，卻無奈已經天人永隔。

　　王弗死後，蘇軾寫過一篇墓誌銘。篇幅很短，但其中蘊含的深情令每一個讀到的人都為之動容。他悲痛說道：「嗚呼哀哉！余永無所依怙。君雖沒，其有與為婦何傷乎？嗚呼哀哉！」

　　蘇洵也很是傷心，他對蘇軾說：「王弗是從艱難的時候跟隨著你的，你不能忘記她，將來一定要將她葬在你母親旁邊。」第二年，蘇軾將王弗葬在了母親的墳邊，並親自栽種了許多青松。每當清風吹來，松樹沙沙作響，萬分淒涼。

　　十年之後，蘇軾在一個悽清的夜晚夢到了妻子，醒來已是滿臉淚水，他寫下一首傳誦千古的悼亡詞〈江城子・乙卯正月二十日夜記夢〉：

十年生死兩茫茫，不思量，自難忘。千里孤墳，
無處話淒涼。縱使相逢應不識，塵滿面，鬢如霜。
夜來幽夢忽還鄉，小軒窗，正梳妝。相顧無言，
唯有淚千行。料得年年斷腸處，明月夜，短松岡。

　　十年光陰彈指而過，一家人又經歷了多少風霜。過去再多苦難，都有她的陪伴，可是這沒有她的十年，這生死兩茫茫的十年，心中的悲苦都無法言說。即使不去有意思念她，可是又怎麼能夠忘記呢？她還在那遠遠的眉山，距離蘇軾千

第二節　時光裡走失的愛人

里之外，這淒涼的情緒向誰訴說？可是就算他們有一天能夠相逢，她也應該認不出蘇軾了吧，這十年蘇軾是如此憔悴呀，塵土滿面，兩鬢如霜。

夜裡，蘇軾那清幽的夢魂突然回到了家鄉，看見她還在小小的軒窗那裡，正在和往日一樣梳妝打扮。他們彼此看著，一句話也說不出來，只有眼淚止不住地流淌。想必每一年，最讓蘇軾斷腸的地方就是在那月明之夜，就是那矮矮的墳堆呀。

在古代詩詞作品中，不乏優秀的悼亡詩和悼亡詞。蘇軾這一首之所以格外感人，是因為其中蘊含的情感實在深沉。他沒有寫自己這十年來如何思念，也沒有寫夢見王弗如何訴說相思，而是講「縱使相逢應不識」。不是因為太久不見而忘記了彼此的容貌，是因為我已經變了太多。

除了這首為人所共知的〈江城子・乙卯正月二十日夜記夢〉之外，蘇軾在王弗去世的當年，還曾經寫下過一首情深意重的〈翻香令〉：

金爐猶暖麝煤殘。惜香更把寶釵翻。重聞處，餘薰在，這一番，氣味勝從前。

背人偷蓋小蓬山。更將沈水暗同燃。且圖得，氤氳久，為情深、嫌怕斷頭煙。

金色的香爐還有著暖意，麝香已經只剩下些許殘餘了。

第三章　風起雲湧：來路終有歸途

因為愛惜麝香而用寶釵去翻動，使其能夠充分燃燒，重新來聞，竟然還有淡淡的餘香。而且這一次的氣味，更勝從前。趁著別人不注意，偷偷將香爐的蓋子蓋上，還把沉香木的香料也加進去一同燃燒，這樣就能夠燃燒得更久。因為他們的感情深厚，擔心香沒有燒完就熄滅，讓他們來生分離呀。

詞的上片寫女子燒香的情形，藉著寫香氣長久，其實是希望與王弗的愛情能夠長久。透過對王弗燒香一些細節的描摹，表現了蘇軾對妻子的懷念。下片轉寫自己燒香，很意外地勾勒了一個不同於我們記憶中的蘇軾的形象，極度細膩而溫柔。尤其是最後一句，民間說給佛供奉的佛香，如果還沒燒完就斷掉了就被稱作斷頭香，是不吉利的，來生會落得和親人離散的果報。蘇軾用在這裡，更是表達了自己希望能夠與妻子之間來生繼續相守的願望，將其理解為在王弗死後的悼念似乎更加合適。

福無雙至，禍不單行。蘇軾還沒能從妻子離去的悲痛中走出來，另外一件同樣讓他痛不欲生的事降臨了。

第二年四月，五十八歲的蘇洵也撒手人寰，離開了蘇軾兩兄弟。

當時，蘇洵正在苦心撰寫《易傳》，還沒完工。在臨終之時，他還叮囑蘇軾和蘇轍一定要將這部書續寫完成。

蘇洵之所以在去世之前用力於撰寫《易傳》，正是念念不

第二節　時光裡走失的愛人

忘於儒家的「立德、立功、立言」三不朽。立德是聖人之能事，旁人不可及，立功對於年邁且無功名在身的蘇洵來說也遙不可及，唯有立言，他還能夠努力去嘗試一番。

只可惜天不假年，蘇洵帶著深深的遺憾去世了。蘇洵逝世的消息傳到朝廷，英宗下詔賜了白銀一百兩、絹一百匹。韓琦和歐陽脩這樣的大臣紛紛送上厚禮弔唁。但是，這些都被蘇軾拒絕了。

蘇軾知道，父親一生最大的遺憾，就是沒能考取功名，沒有什麼像樣的官職。所以他請求朝廷能夠追贈蘇洵官爵，讓他能夠風風光光離開。

英宗答應了蘇軾的請求，追贈蘇洵為光祿寺丞，屬於從六品官職，還派遣官船護送蘇洵的靈柩運回眉山安葬。

六月，蘇軾和蘇轍護送靈柩到達眉山，將父親葬在了母親程氏旁邊。

父親去世，按照丁憂制度，兄弟倆這一次要守孝兩年零三個月。這無疑再次切斷了兩人剛剛起步的事業。

在喪期中，還有另外一件事需要解決，那就是蘇軾的婚姻問題。蘇軾正是壯年，膝下還有孩子要照顧。從家庭的需求角度，他必須續絃。

續絃娶誰家的女子，這是一個需要慎重考慮的問題。蘇軾的脾氣算不上好，最好是溫柔賢淑的女子；家裡還有年幼

第三章　風起雲湧：來路終有歸途

的孩子，最好新婦可以視為己出。

很快，這個問題就解決了。

原來，王弗有一個堂妹喚作王閏之，十年前母親去世，蘇軾回家守喪的時候，就經常在岳父家見到。但那個時候王閏之年紀還小，並沒有引起蘇軾的注意。

不過，蘇軾卓然不群的氣質卻悄悄刻在了王閏之心上。由於這個原因，王閏之的婚事總是一拖再拖，二十一歲也沒有出嫁。

當得知姐姐王弗去世，王閏之在傷心之餘，也再次動了嫁給蘇軾的心思。儘管蘇軾大她將近十一歲，但那就是她一輩子的心願。

在哥哥的撮合下，蘇軾同意續絃娶王閏之。作為王弗的堂妹，他相信她一定會對孩子視如己出。果然，婚後王閏之又為蘇軾生下了兩個兒子，她對待三個孩子始終一視同仁，沒有一絲一毫的偏私。

王閏之陪伴蘇軾經歷了他一生中最為辛苦的日子，始終不離不棄，沒有一絲怨言。

丁憂時間很快就過去了，蘇軾和蘇轍兩兄弟繼續踏上夢想征途。他們守喪期間，英宗去世，神宗繼位。在神宗熙寧元年（西元1068年），蘇軾和蘇轍帶著家眷第三次進入京城。

第二節　時光裡走失的愛人

　　在出發之際,許多親友鄉鄰自發送別。蘇軾兩兄弟是小小眉山鎮的驕傲,這裡的父老鄉親格外看好兩兄弟,他們還在蘇家的庭院裡種下了一棵荔枝樹,希望兩兄弟能夠像這棵樹苗一樣茁壯成長。

　　蘇軾與父老鄉親告別,並請求大家幫忙照顧父母親的墳塋。當時的他沒有料到,自己再也沒能有機會回到這裡。父母已走,他們徹底沒有了任何依靠,兄弟倆成為蘇家的棟梁。前面等待他們的不是康莊大道,而是布滿荊棘。

　　人生不可預料,有時風平浪靜,有時波濤洶湧。蘇軾已經學會了不去追問。他只願憑著本心一路向前,懷抱最樸素的生活和最遙遠的夢想,即使明日天寒地凍,路遙馬亡。

第三章　風起雲湧：來路終有歸途

第三節
奈何西風向東吹

　　秦朝開始，權力逐漸集中。而後歷代王朝的君主，都想盡辦法來加強中央集權和皇權專制。

　　所謂中央集權，就是要把全國各個地方的權力集中到中央樞紐；而皇權專制，則是把所有權力集中到皇帝一個人手中。這兩者在一定歷史時期內是進步的政治制度，是開國君主們不斷總結前朝滅亡經驗所完善的制度。

　　宋太祖趙匡胤是「陳橋兵變」的最終獲利者，對於唐五代的弊政，他是親身經歷者。所以他建立宋朝以後，第一件事就是要將軍權牢牢掌握在中央的手裡，絕對不允許地方割據勢力的出現。於是就出現了極為有名的「杯酒釋兵權」的故事。

　　同時，他實行「更戍法」。士兵在各地輪換駐防，又養著大量中央禁衛軍，兵士和將軍各不相熟，戰力低下的同時軍費開支卻極大。

　　趙匡胤認為武人是最大的不穩定因素，他們手握兵權，極容易造成國家的不安定，所以將軍隊交給文人統率。

第三節　奈何西風向東吹

　　這不是因為趙匡胤多看得起文人，而是因為俗話說「文人造反，三年不成」。文人往往沒有武人那麼大的魄力，忠君愛國的思想也比較重，兵變的可能性更低。而且有些文官喜歡內鬥，可以很好地制約武將的權力。

　　文官內鬥也涉及治國的另外一個方面，那就是帝王之術。每一代君主總是想將國家大權掌握在自己一個人手中，但是這很明顯會造成獨斷專行的後果。所以朝中大臣們往往會很默契地聯合起來限制君權。

　　這個時候挑起大臣們的內鬥，讓他們自我消耗最後不得不妥協於自己，就是帝王之術的重要內容了。宋朝乾脆制定了一系列的制度，在整個官僚系統中實行「分化事權」的方式來使其互相牽制，最後權力就不得不集中在中央，並進一步集中到皇帝手中。

　　比如說，宋朝的地方長官是由朝廷派遣的文人擔任的，一州長官即知州。除此之外又設立了通判，通判是一個州的二把手，但是他是直接由中央任命，可以直接向皇帝寫奏章。也就是說，雖然這個州的最高長官是知州，但是通判覺得知州做得不好，可以向皇帝打小報告。知州在當地實行的政策，也必須要通判同意才可以。

　　這樣一來，知州和通判互相提防，知州也就不敢違背朝廷的命令，權力便集中在了中央。但是很難說知州和通判之

第三章　風起雲湧：來路終有歸途

間存在多少信任，也就更難以通力合作以求造福地方了。

歐陽脩在他的《歸田錄》中講過這樣一個故事：有個叫錢昆的杭州人很喜歡吃螃蟹，他在朝廷任職的時候想要調到盛產螃蟹的地方擔任知州。但是他一直沒能如願，原因就是他想去一個既有螃蟹又沒有通判的地方。

在財政上，宋朝是國富而民窮，全國各地的財政賦稅都上交到了中央，而中央為了防止百官貪汙，給官員們的俸祿是很高的，這也是宋朝幾乎每個士大夫家中都蓄養歌伎的原因，因為他們大多財力雄厚。

連蘇軾家中也有歌伎，太平宰相晏殊家中更是「未嘗一日不飲宴」。官僚機構越來越臃腫，給國家財政也帶來了很大的負擔。

還有遼、西夏等政權一直侵襲大宋，劫掠邊境之外，朝廷打了敗仗還要每年繳納歲幣，更是給本來就無力支撐的財政壓上了最後一根稻草。

總之，在歌舞昇平的表面之下，是暗流洶湧和危機四伏。有識之士都看出了大宋的危險境地，紛紛提出了各式各樣的改良政策。

蘇軾還在讀書的時候就聽說過，仁宗朝由范仲淹、韓琦等發起的「慶曆新政」就是一場希望能夠改變現狀、緩和社會矛盾的改革，但可惜很快就在保守派的反對下失敗了。

第三節　奈何西風向東吹

並不是每個人都能夠覺察到黑暗的來臨，也不是每一個覺察到的人都願意為之犧牲自己的利益。相反大多數人在改革觸及自己的利益時，他們選擇的不是「先天下之憂而憂」，而是「先天下之樂而樂」。

英宗在位僅僅四年就去世了，長子趙頊繼承大統，是為宋神宗。

宋神宗繼位的時候正是年輕有為，外有強敵屢屢犯境，內有一眾公卿豪紳欺壓百姓，讓他感到內心窩火，很想改變現狀。對於國家被外敵入侵還要年年繳納歲幣的情況，他尤其不滿，曾經在談及宋太宗御駕親征大遼卻慘敗而歸的事情的時候說道：「太宗兵敗於燕京城下，不僅嬪妃被北方蠻夷劫掠而去，自己的腿上也連中兩箭，後來更是因為箭傷復發而去世，我們卻要向敵人繳納歲幣，這難道是為人子孫應該做的嗎？」

國力擺在那裡，任由神宗如何不忿也無可奈何。他向大臣們請教如何能夠改變現狀，大臣們的回答不是整修軍隊發兵大遼，而是循序漸進，先維持穩定。

這種回答當然不符合神宗的期望。年少的神宗覺得，這是因為大臣們過慣了安逸的日子，不再想奮發圖強了。

既然朝中大臣都是如此，那麼他就只能從外面找人來幫助自己實現自強的願望了。他想到了名氣很大但當時還未進

113

第三章　風起雲湧：來路終有歸途

入權力樞紐的王安石。

王安石首先是一名合格的政治家，其次才是文學家。

他早就看出國家積貧積弱，遲早需要一場大的改革，但是他一點也不急著放手施為。在仁宗朝的時候，王安石就已經聲名鵲起，曾經上〈上仁宗皇帝言事書〉，初步介紹了自己的變法理論和方案，但是當時仁宗皇帝並沒有採納。

他意識到時機還不成熟，所以一直在各地擔任地方長官，不僅切實了解民情，累積了大量的實際經驗，還多次拒絕了皇帝的徵召，以政績換取名望。

當然，現在我們去揣度王安石的種種做法是為了養名望獲取輿論支持，是「以小人之心度君子之腹」了。但是當時的王安石甚至有「聖人再世」的稱號，可見其名聲之高已經幾乎到了無以復加的地步。

神宗知道王安石是想變法的，而且王安石的名望才能也適合去領導變法這樣的大事。

他將王安石召進宮中長談好幾次，王安石的許多政治見解都很合神宗的心意，兩個人有些惺惺相惜的意思。

神宗完全被王安石說服。在醞釀了一年之後，熙寧二年（西元 1069 年）二月，神宗任命王安石為參知政事，建立了一個制置三司條例司，總理國家的戶部、度支和鹽鐵工作。

宋朝歷史上影響最大的一次變法，終於轟轟烈烈地開始

第三節　奈何西風向東吹

了。巧的是，蘇軾和蘇轍兄弟二人也正是在這一年這一月回到朝廷的。很快，蘇軾就官復原職，弟弟蘇轍直接被派到了制置三司條例司工作。

蘇軾對於變法的看法是很複雜的。他知道國家需要改變，也支持一些積極的改變。但同時，他對這場變法運動也感到了深深的不安。

正如朝堂上許多大臣們的感受一樣，大宋需要改變，但是絕對經不起這樣一場劇變。大宋就像是一艘巨大的帆船，需要翻修才能繼續航行，否則早晚會沉沒，但是如果直接將甲板都拆了來改裝成新船，那可能新船還沒造好，船就已經進水沉沒了。

當時朝堂之動盪應該是北宋從未有過的。在任命王安石之初，朝中許多大臣就有不同的意見，吳奎認為王安石太過於剛愎自用，唐介認為王安石泥古不化，韓琦也認為王安石不宜擔任宰相。

但是神宗根本聽不進去這些意見，毅然決然支持王安石發動變法。韓琦、歐陽脩等重臣在屢次勸諫不被接納之後，選擇了離開。

蘇軾作為歐陽脩的門生，和老一批的重臣們關係頗為親密，再加上他自己也是對變法多有顧忌，所以於情於理他都站在了反變法派那一邊。

第三章　風起雲湧：來路終有歸途

　　熙寧三年（西元 1070 年）五月，王安石準備改革科舉制度。過去的科舉制度的確存在很大的弊端，選拔出來的人才許多只懂詩詞歌賦和「四書」、「五經」，對於治理政事卻一竅不通。所以王安石的新科舉準備去掉詩賦和明經科，以考核經義策論來選拔人才。甚至他準備逐漸廢除科舉，興辦學校來為國家輸送人才。

　　這些政策的確是針對科舉制度的一些弊端來進行的改革，但是問題在於新的方案並不是所想的那樣進步與完美。

　　當時王安石的這個建議不僅在朝堂引起了極大的爭議，就連神宗都有些猶豫了。蘇軾更清晰地看見，這一項舉措在矯正原本科舉制度的同時走向了另外一個更深的歧途。

　　於是，他寫了一篇〈議學校貢舉狀〉，堅決反對王安石的科舉改革。

　　蘇軾寫這篇文章並不是僅僅因為他是反變法派。在文章裡，他有理有據地陳述了自己的意見。

　　首先，他認為道義無法作為選拔人才的標準，如果以道義來選拔人才，那麼人人都成了作秀者，對於社會國家並沒有任何實際的意義。

　　其次，他認為詩賦和策論都只是一個標準，策論並不比詩賦高明，對於政事來說，詩賦和策論都是沒有用的東西。

　　再次，他認為策論具有更強的應試性，反而更加容易突

第三節　奈何西風向東吹

擊練習。這樣一來選拔出來的人才也只是擅長於投機取巧臨時突擊學習的會考試的人而已。

最後，他講出了從古至今透過考試選拔人才的根本原因。我們今天也有許多人覺得衡量一個人的能力的標準不應該是學習成績，不能透過一紙文憑來認可或者否定一個人。誠然有些人的學習成績不好但是具有非凡的能力，能夠取得很高的成就。但從規律和機率上來說，學習成績好的人絕對比學習成績差的人更有可能取得成功。會讀書考試的人並不一定是書呆子，相反他們往往都是學習能力強的人，而考試的意義也是衡量一個人的學習能力。只有具有很強的學習能力，才能夠很快掌握處理政事的能力。

科舉制度的目標也是如此，考什麼其實不重要，重要的是篩選出學習能力更強的人。至於到底是不是擁有才幹，將其放到職位上看他的政績才知道。

蘇軾的這一篇文章，不僅道理講得很明白，邏輯清晰，論據充分，而且文采飛揚，讓神宗看得讚嘆不已。

問及左右，神宗得知蘇軾是個少年天才，當初仁宗便對其褒獎有加，只是後來陰差陽錯沒能有機會重用。神宗也是愛才之人，當即召蘇軾覲見。

當蘇軾接到了神宗詔令的時候，他是有些緊張的，因為這短短幾個月內，他就看到了不少人因為觸犯了新法，阻礙

第三章　風起雲湧：來路終有歸途

了新法的實施而被外放甚至下獄。蘇軾寫的這篇文章，可以說是旗幟鮮明地反對新法，不知道積極支持新法的神宗看完是否會龍顏大怒，這一次召見是否是要斥責自己。

不過當蘇軾見到神宗的時候，忐忑的心總算稍微平復了一些。神宗神情和藹，不像是要怪罪自己的意思。

神宗先是關心了蘇軾一番，然後誠懇問蘇軾對於新法有什麼看法，而且是讓蘇軾直言其錯。

蘇軾有些誠惶誠恐，儘管他早在來的路上就想到過，如果神宗問到類似的問題，自己應該怎麼回答。

是昧著本心，改變態度去支持新法，還是堅持本心，向神宗進諫反對新法？

蘇軾最後決定折中一下，畢竟新法已經勢不可當，而且新法中也有一些是有利於國家和百姓的，他希望能夠對其中一些急功近利和不妥之處進行改良，力求能夠減小負面影響，於國於民更加有利。

於是蘇軾恭敬回答道：「我覺得以陛下您生而知之的智慧，不擔心您不明瞭，不擔心您不勤勞，不擔心您沒有決斷，只擔心您希望國家大治的心太急切了，聽從的建議太多了，提拔能人太快了。希望您能夠鎮定下來，等待時機，然後採取措施。」都說蘇軾滿肚子不合時宜，其實只是蘇軾不屑於迎合世俗而已，但是這一番話說得漂亮。這些話的內容

第三節　奈何西風向東吹

其實許多大臣都對神宗講過,但是遠沒有蘇軾的話觸動他。

神宗也開始反思自己這段時間以來,和王安石兩個人為了變法雖然殫精竭慮,但也的確太急切了一些。這種改變國策的變法,怎麼可能一兩年就實現?自己還年輕,完全沒有必要如此。

他對蘇軾說:「你在館閣裡面,也要為我深思熟慮,不要有所隱瞞哪!」

蘇軾聽到神宗的鼓勵之後大為開心,以為神宗真的能夠聽從自己的勸諫,那麼新法的許多弊端也就可以避免了。

蘇軾還是天真了些,儘管神宗對他的喜歡是真的,但這個青年皇帝心中更加渴望的,是盡快建立一番功業成為千古一帝,在青史上留下濃墨重彩的一筆。

第三章　風起雲湧：來路終有歸途

第四章
得失之間：
朝朝暮暮勝天長地久

第四章　得失之間：朝朝暮暮勝天長地久

第一節
水光瀲灩晴方好

　　不同於北方的雄健豪放，南國的風光總是那麼秀麗婉約，柔媚多姿。古往今來，「江南憶，最憶是杭州」。文人墨客的詩句裡，都不乏對這座煙雨江南之城的美譽。山水秀麗，林壑幽深，華而不浮，落落大方。

　　杭州是中國文化中最精緻的記憶，寄託著詩意棲居的美好夢想。在很多人心裡，杭州的生活是沏一壺龍井，賞湖光山色，品詩詞歌賦，享詩意與閒情，但也很少有一個城市像杭州這樣，能執著地保留著某段歷史或某個名人的那麼多印記。西湖最為繁華的兩條街道，一條名為東坡路，一條名為學士路（蘇東坡曾任翰林大學士）。西湖十景之首的蘇堤春曉，春日蘇堤，鶯飛草長，桃之夭夭，芳草萋萋，楊柳依依，極具東方美學風格；三面環山、一面臨城的西子湖，湖中孤山峙立、三堤縱橫，將西湖分隔幾片，波光瀲灩，明媚秀麗；被譽為「西湖第一勝境」的三潭印月，湖中有島，島中有湖，園中有園，曲回多變，步移景新，岸上金桂婆娑，綠樹掩映、花木扶疏，與雕欄畫棟的建築相映成趣，富於空間層次變化……而這一處處秀麗清幽的景色的成形和美名遠

第一節 水光瀲灩晴方好

播,都與蘇軾有著千絲萬縷的關聯。

蘇軾還朝受命。此時的朝堂之上,已不再是他初入時的平和世界,繁榮之後處處隱藏著危機。朝野已是舊雨凋零,新風日盛,而尚未經歷過腥風血雨政治危機的蘇軾也許還未意識到,他此後的風雨仕途路已在這次朝堂危機中悄然開始。

滿載報國熱情的蘇軾先後作〈擬進士對御試策〉和〈上神宗皇帝書〉,反對王安石變法中的流弊,認為新法不能便民。並且,事實上,蘇軾終其一生都未能接納王安石等變法派的做法。蘇軾這樣做的結果也毫無意外,讓他如那些被迫離京的師友一樣,不容於朝廷。蘇軾上疏反對新法之後,便遭到政敵的攻訐和陷害,深感處境之困難。

熙寧四年(西元1071年),蘇軾自求外放,時年三十五歲的他帶著失意的悲涼被迫離開都城汴京,遠離政治鬥爭漩渦,遠赴杭州擔任通判。而此次杭州之行,自此結下蘇軾餘生與杭州難解之緣。

遠離了朝堂的爾虞我詐和刀光劍影,蘇軾攜帶家眷,千里迢迢趕往杭州。一路上杭州的湖光山色、清風池館,也使一家人糾結的心情舒展了許多。

蘇軾杭州赴任途經鎮江時,正好路過城外長江中的金山寺,便拜訪了寶覺、圓通二位禪師。二者盛情款待了蘇軾。

123

第四章　得失之間：朝朝暮暮勝天長地久

時至傍晚，因盛情難卻，蘇軾留宿在寺中，半夜得以觀賞江上夜景，不由得浮想聯翩，寫下了〈遊金山寺〉：

> 我家江水初發源，宦遊直送江入海。
> 聞道潮頭一丈高，天寒尚有沙痕在。
> 中泠南畔石盤陀，古來出沒隨濤波。
> 試登絕頂望鄉國，江南江北青山多。
> 羈愁畏晚尋歸楫，山僧苦留看落日。
> 微風萬頃靴文細，斷霞半空魚尾赤。
> 是時江月初生魄，二更月落天深黑。
> 江心似有炬火明，飛焰照山棲鳥驚。
> 悵然歸臥心莫識，非鬼非人竟何物？
> 江山如此不歸山，江神見怪驚我頑。
> 我謝江神豈得已，有田不歸如江水。

面對這自然天成的美景，蘇軾不禁想到了自己曾經的風華正茂和躊躇滿志，因為自己的耿直性格，不肯與世俗妥協，屢遭挫折，到如今仕宦生涯潮漲潮落、浮沉不定，蘇軾心裡充滿了不平與憤懣。

人越是失意之時，越容易想家，越想歸隱田園，但天生就是樂觀派的蘇軾是一個不尋常的存在。即使宦海浮沉，仕途掙扎，欲進不得，欲罷不能，蘇軾最後也還是頑皮地向江神解釋道，他不辭官歸田的原因，是家中實在是沒有田產而

第一節　水光瀲灩晴方好

不能歸隱哪！

這麼可愛的一個人注定不會把生活過成一灘死水。熙寧四年（西元1071年）夏末秋初，蘇軾攜家人路過陳州之時，拜謁了世交張方平並看望了自己的弟弟蘇轍。

蘇軾對弟弟蘇轍還是比較放心的，蘇轍不似自己耿介倔強的性格，他待人以溫潤、處事知方圓，能很好地保護自己不受傷害。想到沒有因為自己而使弟弟太受牽連，蘇軾內心感到了些許慰藉。雖然當初也受了王安石的排擠，弟弟蘇轍被神宗任命為淮陽州學教授，卻正好與方平兄能夠相互照應。因此，蘇轍的日子過得還比較安靜祥和。

去探望弟弟蘇轍之前，溫柔賢惠的妻子已經準備好了衣服和吃食。這次從京城外調，蘇軾、蘇轍兩兄弟的經濟狀況已然不同往日。蘇軾的長子蘇邁已滿十二歲，次子蘇迨尚在襁褓之中，日子過得尚且可以；而弟弟蘇轍的日子就有點難了。蘇軾曾經感嘆蘇轍：「森然有六女，包裹布與荊。無憂賴賢婦，藜藿等大烹。」蘇軾去看望他時，蘇轍已有三男六女圍繞膝下了，多虧弟媳賢惠，雖然布衣蔬食，但蘇轍生性達觀，縱然明日無晨炊，也依然倒床作雷鳴。

弟弟的困窘讓蘇軾牽掛不已。臨行之前，蘇軾又特意讓妻子多備了一些吃食和玩具。一別數月，再見時兄弟倆難免心中感慨萬千。倒是妯娌二人和孩子們一見面，興奮了不

第四章　得失之間：朝朝暮暮勝天長地久

少，蘇軾的續妻王閏之和蘇轍的妻子史氏本都是大家閨秀，在陪伴夫君的幾年宦海生涯中也都沉澱練達了許多。孩子們帶著玩具和吃食跑出去玩了，兩位夫人也說說笑笑地開始準備飯菜，蘇軾和蘇轍則出來在附近信步散心。

接受了幾十年家國天下、民本思想的深刻薰陶，蘇軾和蘇轍即使身處陋室，依舊放不下朝堂之事。蘇軾本就心直口快，眼見不平事，總是如鯁在喉，不吐不快。一路上談論到朝堂之事，蘇軾緊握拳頭，無不憤懣地感嘆如今朝堂之上也只由著他王安石一人翻雲覆雨了，百姓卻盡是流離失所，日子過得苦不堪言，真不知王安石為何如此急功近利，究竟要惹出來多大的事情，才能清醒。蘇轍聽之也只能無奈地勸說哥哥蘇軾，畢竟朝廷如此行事已持續了幾年，眼下是很難改變現狀⋯⋯

可是，還未等蘇轍說完，蘇軾早已氣急地將拳頭砸向了旁邊的柳樹樁，引得路邊走過的人紛紛側目。蘇轍趕緊拉住哥哥，用手禁唇，示意哥哥不要再說了。

比起心無城府的蘇軾，蘇轍要沉穩持重得多。他深知哥哥秉性「其於人，見善稱之如恐不及，見不善斥之如恐不盡，見義勇於敢為，而不顧其害。用此數困於世，然終不以為恨」。他尊重並努力維護蘇軾的赤子之心，但也不忘時時勸誡，他也只能先以這種方式保護著哥哥。

第一節　水光瀲灩晴方好

蘇軾又何嘗不知道禍從口出，他也明白弟弟對自己的維護和擔心，怎奈生性如此的他注定要遺世而獨立了。不談國家大事，轉而兄弟倆開始聊起了最近各自的生活，弟弟雖然調任陳州做州學教授，但陳州這個地方對教育不甚重視，弟弟的日子過得也清苦。

蘇轍本來身材就比較高大，如今住在低矮的茅舍裡，視覺上形成了鮮明的對比。蘇軾心疼弟弟，弟弟卻是毫不在意，怡然自得，引得蘇軾打趣起了蘇轍，「宛丘先生長如丘，宛丘學舍小如舟。常時低頭誦經史，忽然欠伸屋打頭。斜風吹帷雨注面，先生不愧旁人羞」。

打趣了弟弟，想想自己也沒好到哪裡，他因而又自嘲道：「餘杭別駕無功勞，畫堂五丈容旂旄。重樓跨空雨聲遠，屋多人少風騷騷。平生所慚今不恥，坐對疲氓更鞭箠。道逢陽虎呼與言，心知其非口諾唯。居高忘下真何益，氣節消縮今無幾。文章小技安足程，先生別駕舊齊名。如今衰老俱無用，付與時人分重輕。」蘇轍聽完哈哈大笑起來，不愧是自己的哥哥，自我排解的能力就是異於常人。

春日苦短，夕陽西下，天漸漸暗了下來，伴隨著拂面春風，兄弟倆的心情也陰轉晴了，想想快到飯點了，兄弟倆談笑風生地回了家，縱然官場失意，也不能辜負了一家人的其樂融融。

第四章　得失之間：朝朝暮暮勝天長地久

　　蘇軾和妻兒在弟弟家裡小住了數日，其間也多次找張方平出城划舟賞景，把酒言歡。即將來臨的初夏，暖風洋洋，小荷露角，蜻蜓立頭，一切都是生氣勃勃的樣子，這充滿朝氣的相伴時光也為他們帶來了絲絲溫暖。

　　過了中秋以後，兄弟倆又相互做伴去探望了恩師歐陽脩先生，歐陽脩對兩位高足的到來十分欣喜。師生三人天天相對，評古論今。此時的他們可以暢所欲言，無所畏懼，針砭時弊，侃侃而談，這為失意的日子增添了一抹陽光。

　　不過，快樂的日子總是一晃而過，轉眼間又到離別時，三人依依惜別後，各自回歸到了現實生活。

　　告別恩師，離開愛弟，蘇軾回到了杭州。

　　「上有天堂，下有蘇杭」，北宋時的杭州憑藉獨特的地理位置，早已成為繁華富庶之地，宋仁宗都曾不吝讚譽杭州為「地有湖山美，東南第一州」，杭州經濟的繁榮也造就了杭州風土人情的大氣、多元與開化。這正好與蘇軾的性情完美契合。

　　在這裡，蘇軾與當地人相處融洽，度過了他這一生最快活的日子。遠離京城和鬥爭，能夠過「天高皇帝遠」的自在生活，蘇軾輕鬆愉悅的心情也自然流露，「未成小隱聊中隱，可得長閒勝暫閒。我本無家更安往，故鄉無此好湖山」。這是他初到杭州就留下的心情寫照，也是這溫山軟水的南國杭州，

第一節 水光瀲灩晴方好

成為他的「第二故鄉」。

南國杭州真是人間天堂,除去那些巧奪天工的自然美景,杭州的人文景觀也頗令蘇軾動容。

這裡青樓林立、寺院薈萃,名妓、名僧也不勝列舉,他們渾身散發著南方人特有的詩意與禪意。蘇軾喜歡他們的恣意灑脫,而他們也喜歡蘇軾這位年輕的大文豪,喜歡他的朝氣蓬勃、瀟灑神韻和他那不拘小節的廣闊胸襟。

在杭州的日子裡,蘇軾身旁常有名妓、名僧陪伴,用蘇軾自己的話說就是「慣眠處士雲庵裡,倦醉佳人錦瑟旁」。

蘇軾作為杭州通判,相當於杭州府的二把手,自然少不了各級官員和地方名流的熱情追捧。而官場酒宴之上,自然也少不了風花雪月。自古佳人愛才子,更何況是蘇軾這樣風流倜儻、才華橫溢的大才子。初入杭州,蘇軾即成主角。

不過,對於這些風月場中的女子,蘇軾更多的是憐惜和同情,無關身分地位。遇到想從良的歌伎,他也是不遺餘力地幫她們去籍開脫。並且,他還特此作了一篇〈薄命佳人〉來表達自己的心跡:

> 雙頰凝酥髮抹漆,眼光入簾珠的皪。
> 故將白練作仙衣,不許紅膏汙天質。
> 吳音嬌軟帶兒痴,無限閒愁總未知。
> 自古佳人多命薄,閉門春盡楊花落。

第四章　得失之間：朝朝暮暮勝天長地久

　　蘇軾到任不久，就有兩名官妓申請脫籍為良。一名官妓名號「九尾野狐」，因無所阻礙，蘇軾批覆「任良從便」；而另一名官妓周韶，卻是杭州知府陳襄十分喜愛的，周韶色藝皆為一冠，更精於茶技，曾多次和精於品茶的大書法家蔡襄鬥茶，每次都使蔡襄甘拜下風。對於這樣一位「清水出芙蓉」的女子，即使蘇軾自己十分欣賞，有心幫她脫籍，也不能越過知府貿然行事，於是對周韶的批語即為「慕周南之化，此意誠可嘉。空冀北之群，所請宜不允」。周韶也知蘇軾難處，只能另尋時機。蘇軾也並未放棄，不久之後，金華太守蘇頌來杭做客，蘇軾事先與周韶商議，由周韶在宴席上再次提出從良要求。

　　宴席上，周韶有服在身，一身白衣裙羅更顯嫵媚，一曲舞畢，周韶提出了請求從良，金華太守蘇頌指著籠中的白鸚鵡說：「可作一絕。」於是周韶提筆寫詩，「隴上巢空歲月驚，忍看回首自梳翎。開籠若放雪衣女，長念觀音般若經」。以白衣飄飄的自己自比籠中鸚鵡，表達自己從良的渴望和祈求被恩准的感念，宴上賓客齊聲喝采，此時蘇軾也趁機進言說，周韶母親剛過世，她身穿白衣是因為正在居喪期間。

　　聽到此話，周韶眼圈一紅，立刻眼淚盈盈。此情此景讓陳襄動了惻隱之心，同時也不便拂了蘇頌的面子，因此批准了周韶脫籍的請求。

第一節　水光瀲灩晴方好

　　周韶脫籍之後，陳襄時常後悔，蘇軾也心懷歉意，因此第二年出差外地時，特地寫了五首詩送給陳襄，其中在常潤道中寫下的第二首「草長江南鶯亂飛，年來事事與心違。花開後院還空落，燕入華堂怪未歸。世上功名何日是，樽前點檢幾人非。去年柳絮飛時節，記得金籠放雪衣。」以「世上功名」來稱讚勸慰陳襄的心，此外還特地加上了一句「杭人以放鴿為太守壽」蜜了陳襄的心，陳襄看了之後也舒心了不少。

　　這齣蘇軾導演的戲，除了有他對周韶的憐香惜玉外，更多的是他對生命價值的體悟，對生命主體自由選擇權利的尊重，對人本思想的踐行。為了讓生命更美麗，他千方百計而為之，時隔千年，我們也能感受到這生命的光輝。

　　來杭數月，杭州的花草山水、才子佳人，同僚們的尊敬與禮遇，都讓這裡成了蘇軾心底深處最溫柔的地方，這裡就是他的人間天堂。

　　熙寧六年（西元 1073 年）冬，蘇軾因公派到常、潤、蘇、秀等州賑濟災民，一走數月，直到第二年入夏之後才得以回到杭州。獨身在外的日子裡，他無時無刻不懷戀著杭州及其家小：

少年遊・潤州作代人寄遠

　　去年相送，餘杭門外，飛雪似楊花。今年春盡，楊花似雪，猶不見還家。

第四章　得失之間：朝朝暮暮勝天長地久

對酒捲簾邀明月，風露透窗紗。恰似姮娥憐雙燕，分明照、畫梁斜。

離別時「飛雪似楊花」，是冬天；而如今「楊花似雪」，是春末。雪花與楊花，似是來時，卻已隔年，這是他離開杭州最長的一次，眷戀之情也更為深切。

杭州與蘇軾的相遇，彷彿就是注定的緣分，杭州的美麗激發了蘇軾的靈感，杭州的溫柔浸潤了他的心神，蘇軾也用他手中的筆和心中的光點亮了杭州風景人文的絢爛與綿長。

第二節
從前月光很慢

　　如夢似幻的年輪裡，縱然歲月微涼，但那些美妙的時光仍足以令生命充盈。在杭州經歷的點點滴滴，對於蘇軾來說均是上天的餽贈。前期的官場沉浮使蘇軾本欲起身離去，奈何影子落人間，終是要與杭州的景與人相逢今生。

　　杭州官員的公館位於鳳凰山頂，向南望去可見煙波浩渺的錢塘江，江上白帆出海，若隱若現，宛如仙境；公館的北面即為蘇軾的官邸，可俯瞰整個西湖，近處是湖面如鏡，遊船點點，遠處是山色空濛，青黛含翠。鳳凰山下，夾於西湖和錢塘江灣中間，自北而南的，正是杭州城，城外高牆環繞，河道井然，橋梁通行，美不可言。

　　雖然太府的官衙位於杭州中心，繁華異常，但蘇軾總是另闢蹊徑，喜歡在閒雅詩意的地方開始一天的工作，風景怡人的壽星院才是蘇軾的常駐辦公地。

　　空幽的早晨，鳥唱蟲鳴，陣陣花香。沒有特別事務的話，蘇軾會趁機閒庭信步來到寒碧軒或雨奇堂（雨奇堂即從蘇東坡的詩篇「山色空濛雨亦奇」而得名），看看公文，練練書法，享受一天的靜謐時光。

第四章　得失之間：朝朝暮暮勝天長地久

在杭州的日子裡，蘇軾最喜歡臨水寫字。寫字即為寫心。蘇軾練字時不拘泥一處，隨心而動，隨意下筆。落入宣紙之字看似平實、樸素，但有一股汪洋浩蕩的氣息，就像他淵厚的學問一樣，神龍變化不可測。

有時，一旁經過的妻子會好奇地過來觀摩一下，忍不住感嘆：一般人練字時都正襟危坐，從不見似蘇軾這般灑脫無拘束的。

蘇軾則笑言：「為夫的作字之法，識淺見狹學不足，三者終不能盡妙，我則心目手俱得之矣。」倏而又道：「我書意造本無法，點畫信手煩推求。」妻子聽後，也就淺笑不語了。

兒子蘇邁很願意和父親一起練字。當時的蘇邁已有十二歲，父親盡情揮灑練字時，小蘇邁就站在一旁，有時替父親研墨，有時幫父親押紙，小小的手劃過紙墨，別有一番童趣。

蘇軾也很喜歡兒子陪著他，有時會握著兒子的小手親自教他練字。剛開始，蘇邁寫出的字總是歪七扭八，像毛毛蟲一樣，有時還會因為不熟練將筆尖墨水點到鼻尖、臉上，每到此時，父子倆都會哈哈大笑，這是他們獨有的親子時光。

長大後的蘇邁時常回憶起兒時同父親學寫字的情景，也總是覺得溫馨而幸福，這也使得蘇邁同自己的叔叔一樣理解自己父親的書法「豈以書自名哉，特以其至大至剛之氣，

第二節　從前月光很慢

發於胸中而應之以手，故不見其有刻劃嫵媚之態，而端乎章甫，若有不可犯之色」。

時光在靜靜流淌，蘇軾的辦公地點也在不斷向外延伸，有時是離杭州城十里或十五里以外的深山冷亭之中，有時竟將辦公桌直接搬到遊人如織的西湖邊上。

據《梁溪漫志》記載：「至冷泉亭外，則據案判決，落筆如風雨，分爭辯訟，談笑而辦。」伴著杭州城的湖光山色或西湖的煙波浩渺之氣，蘇軾談笑間就將一天的公事辦完了。落日餘暉中，他騎馬回家，街道旁總是擁簇著想一睹大名鼎鼎的蘇才子儀表的民眾。

「居廟堂之高則憂其民」，一代一代的士大夫都在踐行著自己的政治抱負，心懷家國天下的蘇軾更是如此。他深知自己此行雖為杭州通判，卻也是協助知州掌管一方水土、造福一方百姓的。

幸運的是蘇軾與知州陳襄一見如故，二人配合默契。

蘇軾第一次來杭州任通判之職時，恰逢供給市民飲水的六井年久失修，不能供水了。杭州原本是錢塘江潮水衝擊成的一塊陸地，當初水質苦澀，難以下嚥，唐朝的李泌擔任杭州刺史時，曾經建造六口大井，分布在城區各處，引西湖淡水供全城飲用，後來白居易擔任刺史，進一步治理西湖，疏濬六井。然而隨著年歲漸久，六井也慢慢淤塞廢置，飲水又

第四章　得失之間：朝朝暮暮勝天長地久

一次成為杭州人的生活難題。

於是熙寧五年（西元 1072 年）秋天，蘇軾和知州陳襄共同研究探索暢通六井的方案，他們找來兩位精通水利的僧人修復六井，透過挖溝、換井壁、修補漏洞等措施，實地考察、挖溝換磚、修補罅漏，終於使六口大井重新煥發生機，解決了杭州人民吃水的問題。

蘇軾也在〈錢塘六井記〉中明確記載了此事：「熙寧五年秋，太守陳公述古始至，問民之所病。皆曰：『六井不治，民不給於水。南井溝庳而井高，水行地中，率常不應。』公曰：『嘻，甚矣，吾在此，可使民求水而不得乎！』乃命僧仲文、子圭辦其事。於是發溝易甃，完緝罅漏，而相國之水大至，坎滿溢流，南注於河，千艘更載，瞬息百斛。」此次修復六井，不僅解決了杭州民眾的飲用水問題，還暢通了河道，促進了蘇杭航運的發展。

至情至性的蘇軾，在辦案時也總能兼顧法理與人情。一日，蘇軾正在批閱公文，突然衙役帶來了兩個訴訟之人，蘇軾接過案子後捋了捋思緒，搞清了案子的來龍去脈：

原告為綢緞商，被告為扇子商。因被告扇子商曾經向原告綢緞商借了大約價值兩萬錢的綢緞用來做扇子，約定還錢的時間到了，但扇子商並沒有還錢，於是綢緞商將扇子商告上衙門。再經細細盤問得知，扇子商最近由於父親去世，花

第二節　從前月光很慢

了一大筆錢進行安葬，再加上雖然夏天到了，但總是在下雨，天氣涼爽導致做出的扇子一直賣不出去，所以無法如期還錢。

這讓案子一下子陷入了兩難：若判扇商限期還錢，無疑會逼得他家破人亡；可若不判給綢緞商公正，綢緞商一家人也將無法正常生活。

蘇軾左思右想，想出一個兩全其美的辦法。蘇軾對扇子商說要幫他賣扇子還錢，吩咐扇子商回家取二十把扇子來。扇子取來，蘇軾拿起判筆，在扇子上畫上石頭，畫上枯木，畫上竹子，畫上蘭花，不一會兒，二十把扇面上就都有了精美的圖案。蘇軾囑咐扇子商將扇子拿到家門外，一把扇子至少能賣一千錢。果不其然，扇子商拿出一賣，此時哪裡還是在賣扇子，分明是眾人在搶扇子，很快兩萬錢就湊齊了，欠款終於還上了。

與那些只會使用嚴峻刑法的酷吏相比，蘇軾判案看著似乎有點以情代法，但恰恰是他的做法反映出他深切地關懷民生疾苦、為百姓根本利益著想的為官之道，在他身上，永遠閃耀著鮮明的人文氣息和藝術氣質。

在陳襄和蘇軾的治理下，杭州繁華大都會的地位越發穩定，風景秀麗，商業發達，笙歌陣陣，熱鬧富庶。會生活的蘇軾總是將工作與生活安排得妥妥貼貼，日常公務件件細

第四章　得失之間：朝朝暮暮勝天長地久

化，業餘生活豐富多彩。

來杭州生活了這麼久，看到夫人和孩子也很快融入了，蘇軾很是安心。白日他忙於工作應酬，夜幕降臨後才是自己和家人的獨處時光。

蘇軾家住杭州中心的山頂，出門下山便是街道縱橫，商店林立，特別是夜市開始之後，燈火輝煌，人聲鼎沸，哪怕只是在家裡向下俯視，也已經是莫大的享受。

杭州的夜市總要到凌晨兩三點才收市，夜市中酒樓、茶社、歌館、妓院、勾欄瓦肆以及小吃攤、小商品零售一應俱全，夜市開始之後，販賣細畫絹扇、黃草帳子、異巧香袋兒、木樨香數珠、五彩花燈和剪紙花樣、五色花錢等各種玩物的商家的叫賣聲此起彼伏，販賣風味各異的南北小吃的也不甘落後，街攤上、商舖前擠滿了購物的人流，大人走著買著，孩子笑著鬧著，濃濃的人間煙火氣息撲面而來。

蘇夫人最愛帶著孩子逛夜市，蘇軾便也常常陪著家人出來逛逛。夜市的各類小吃極大滿足了蘇軾的味蕾，讓蘇軾在吃貨的路上漸行漸遠。

閒來無事之時，蘇軾也愛逛杭州市井小吃，因此，他與杭州的飲食文化也頗有淵源。久負盛名的「東坡肉」就是一大證明。蘇軾在杭州任職期間，負責疏濬西湖、修建湖堤，使四周田地旱澇不愁。得知蘇太守愛好杭州的豬肉後，心懷感

第二節　從前月光很慢

激的杭州百姓抬著豬、擔著酒送給了蘇軾。

而蘇軾為了犒勞築堤的民工，就將送來的酒肉交給廚工，並批了「酒肉一起送」的條子，哪知被廚工誤看成「酒肉一起燒」。美酒將豬肉燒得紅香酥爛，液汁鮮美，肉感滑嫩，將豬肉用酒燒好送往了工地。百姓為了感念蘇軾的功績，就把這種肉取名為東坡肉。

不僅杭州百姓用蘇軾的名號給美食命名，蘇軾也愛為杭州的無名小吃起名。

一次，蘇軾和遊伴去吳山遊玩，行至半途，腹中飢餓。正值一位大嫂在賣點心。蘇軾買了一塊並詢問這種點心叫什麼名字，大嫂答並無名字。蘇東坡見點心一層層、一絲絲，很像簑衣，說就叫簑衣餅吧。

大嫂大概是把四川口音的簑衣餅聽成了酥油餅，從此吳山酥油餅就流傳開了，並成為杭州的著名小吃。嘗著這酥油餅味道不錯，蘇軾就多買了一些想著帶回家中給妻兒也嘗一下。這也已經成為他的習慣，每次如果是自己出去遊玩，途中遇到好吃好玩的東西都會為家中人帶上一些。他很細心，夫人愛吃什麼，孩子想要什麼，如若出門都會盡力去找。每見此景，一起的遊伴總會打趣他與妻兒感情之親密深厚，真的是羨煞旁人。

杭州不僅有繁華熱鬧的一面，也有隱匿湖山的古剎高

139

第四章　得失之間：朝朝暮暮勝天長地久

僧。蘇軾自小就頗具佛緣，蘇軾的母親程氏便是一個虔誠的佛教徒。嫁入蘇家之後，蘇軾的母親把佛教理念和禮佛習慣也帶入了蘇家，並在蘇家扎根延續。蘇家藏有十六羅漢像，蘇母每日都要擺設貢品，誠心禮佛。

信佛之人往往也心地純良。蘇軾小時候，家裡的庭院竹柏叢生，雜花滿樹，引來許多鳥雀棲息和築巢，蘇母禁止家人捕鳥取卵，因此，蘇家的鳥兒越來越多，巢越築越低，引得蘇軾和他的小夥伴們直接在一旁圍觀投食。而父親蘇洵也喜愛與名僧交遊，曾經在老家捐錢塑菩薩像，蘇軾的家庭充滿了濃厚的佛教氛圍。蘇軾在這樣的家庭中耳濡目染，所以少年時代就開始閱讀佛書。

後來，隨著生活閱歷的豐富，他愈加體會到生命的無常，對佛學的興趣也就日益濃厚。而正是蘇軾精研佛學，熱衷參禪，才加深了他與杭州眾多佛門之人的緣分。

杭州的寺院得天獨厚，南朝四百八十寺，一半名寺在蘇杭。杭州寺廟多，名僧也多。杭州出名的寺院不勝列舉，靈隱寺、淨慈寺、聖山寺、法喜寺、孤山智果寺、鳳凰寺、韜光寺等，終年香火鼎盛，更是孕育了多位名僧潛士。

與名僧潛士相交，打開了蘇軾生活的另一扇門，在杭州任職短短幾年，他結識的吳越高僧竟已大半，連他自己都感嘆：「默念吳越多名僧，與予善者常十九。」

第二節　從前月光很慢

上次與恩師歐陽脩相聚之時，恩師就向蘇軾推薦了名僧惠勤：「西湖僧惠勤甚文，而長於詩，子聞於民事，求人於湖山間而不可得，則往從勤乎。」

此外，寺中還有另一位著名的詩僧惠思。

於是，蘇軾初到杭州，稍稍安頓下來就起程前去拜訪兩位高僧。歐陽脩與惠勤、惠思已交往三十餘年，蘇軾與高僧參禪之後，更覺相見恨晚，相談甚歡。

時年三十六歲的蘇軾因此有所感悟：「年來漸識幽居味，思與高人對榻論。」並且還寫下了〈臘日遊孤山訪惠勤、惠思二僧〉一詩。

惠勤、惠思是蘇軾在杭州最早結識的兩位名僧，之後，蘇軾的交僧之路更是一發不可收。

一日，蘇軾前往西湖北山葛嶺寶嚴院遊玩，於僧舍壁間見一小詩：「竹暗不通日，泉聲落如雨。春風自有斯，桃李亂深塢。」

蘇軾見此詩頗為清新，於是打聽作者何人，一沙彌回道是清順大師所作，蘇軾就馬上拜訪了清順大師，二人一見如故，很快成了朋友，此後多年，二人交遊唱和，往來不絕。

蘇軾與梵天寺寺僧守詮的交往也是趣味橫生。二人交往初始便有過一段和詩的佳話。守詮是個不拘一格的自在僧人，經常放任自我，遊山玩水，「佯狂垢汙」，所以常被稱

第四章　得失之間：朝朝暮暮勝天長地久

作狂僧在世，但他詩寫得很好，詩句清婉，大有山野林泉之氣。某日，守詮詩興大發，提筆揮毫就在梵天寺的牆壁上寫下了一首禪詩：「落日寒蟬鳴，獨歸林下寺。柴扉夜未掩，片月隨行履。唯聞犬吠聲，又入青蘿去。」

熙寧五年（西元1072年）秋，蘇軾到訪梵天寺，正好撞見壁間的這首詩，讀後只覺「清婉可愛」，令人嘆服。蘇軾一時技癢，也是為了應和守詮的詩才與意趣，援筆作和詩云：「但聞煙外鍾，不見煙中寺。幽人行未已，草露溼芒履。唯應山頭月，夜夜照來去。」

兩首小詩清遠幽深，意趣相投，成為梵天寺人文之美的歷史見證，也讓蘇軾和這位寺院文壇的翹楚成為莫逆之交。

而蘇軾與慧覺禪師的結緣則是因為一篇竹詩。蘇軾在杭州任職期間，江南的寺院中大多都愛種植竹子，竹子不僅給寺院帶來了清雅，還帶來了詩意。蘇軾亦素是愛竹之人。

熙寧六年（西元1073年）春的一天，蘇軾從富陽新登，取道浮雲嶺，進入杭州管轄的於潛縣走訪視察，於潛縣縣令刁鑄與蘇軾是同榜進士，交情甚篤。刁鑄熱情招待了蘇軾，因深知蘇軾佛性，就將蘇軾安排在了寂照寺的綠筠軒中入住。

一日，在寂照寺出家的於潛僧慧覺禪師拜見蘇軾，與他一起談佛論經，蘇軾博學多才，諳熟佛學，使慧覺十分欽佩。

第二節　從前月光很慢

兩人在綠筠軒臨窗遠眺，窗外微風輕拂，寺院中的竹子沙沙作響，懶散的陽光灑滿寺院，處處都是幽幽浮動的竹影，滿目的茂林修竹、蒼翠欲滴，讓人心生蕩漾。

蘇軾不禁連連叫絕，慧覺禪師見此，知蘇軾已被眼前綠竹景色所迷倒，就故意逗道：「蘇學士，房前屋後栽幾株竹子，我們於潛自古以來如此，不過點綴一下而已。」蘇軾笑著擺擺手道：「此言差矣，門前種竹絕非點綴而已，此乃高雅心神之所寄。我這裡有一首好詩贈予你。」

於是，他即興揮毫寫下了流傳後世的〈於潛僧綠筠軒〉一詩：

可使食無肉，不可居無竹。

無肉令人瘦，無竹令人俗。

人瘦尚可肥，俗士不可醫。

旁人笑此言，似高還似痴。

若對此君仍大嚼，世間那有揚州鶴？

惠覺聽後拍手稱奇，寥寥數語，富哲理，有情韻，表面看是平平無奇，卻暗頌於潛僧惠覺超然不俗，誇讚之意更是不留痕跡，更顯得蘇軾與高僧神交的智慧。

偶爾，不想與人為伴時，蘇軾也會獨自一人穿山越嶺，入寺參禪，焚一爐清香，捧一壺山泉或者紫筍名茶，靜聽山林輕籟，黃昏時在松間竹畔間漫步，夜深人靜時，與一二知

143

第四章　得失之間：朝朝暮暮勝天長地久

己相偕於石橋之上，清談佛理禪心。

　　這樣清淨的體驗，也讓蘇軾的凡塵之心得到了淨化與放空。時光流轉，過往皆褪去。蘇軾以他的方式，在杭州點點滴滴地刻劃了他的驕傲和功績。在這裡，他主政杭州，造福百姓；結交摯友，成長同行；廣結佛緣，修身養性；體恤百姓，民本為先。

　　生命的長度誰也無法控制，蘇軾卻在杭州極大地拓展了生命的寬度和深度，增加了生命的厚度與廣度。時隔千年，他依舊是杭州百姓心中仰慕的白月光。

第三節
現實與豁達的撕扯

時光抹不去青春的年華，歲月掩蓋不了夢想的光芒。一段路程一段夢，一夢兩三年，回首四五暮。

在最美的年華，與杭州相遇，恰似波光流動於瀲灩的湖水，月色傾城。蘇軾來杭州之後，經歷的樂事太多太多，繁華如畫，麯院風荷，他對人生了解得太透澈，也對生活很珍惜，更懂得詩酒趁年華。

蘇軾在杭州任判官期間，上有陳襄主政，公務不算過於繁重，但判官的職責令他頗為不喜。

蘇軾任職正是王安石變法新政大力推行之時，新法從國家利益出發，以富國強兵為目標，不可避免地需要擴大對下層人民的盤剝。而這一弊端又因為官僚機構的腐敗，在實際推行過程中變本加厲。

因此，監獄裡關押的多是違犯王安石變法的良民，他們被打得皮開肉綻。蘇軾也反對這些法條，但那是法律，他無權更改。親眼看到百姓在天災和新政夾擊下的生活慘狀，他的心情更加悲憤、苦悶和壓抑，但又無可奈何，只能在力所能及保全百姓的同時，寄情山水以解胸中憤懣，而山清水秀

第四章　得失之間：朝朝暮暮勝天長地久

的絕佳處，杭州城處處皆是。

杭州的美景是人與自然的完美融合，雖有人工的痕跡，卻也與自然渾然一體，讓人心曠神怡。待華燈初上，遠處黛色的山巒綿延起伏，那萬家燈火的輝煌在夜的迷離中依稀闌珊。灩灩微波的西湖更是蘇軾的最愛。

熙寧五年（西元 1072 年）六月末，蘇軾在忙完公務後與友人泛舟西湖上，尋得片刻清閒。

當大家在遊船上微醺半醉之時，恰逢遇上了夏日陣雨，隨著隆隆的轟鳴聲，漫天烏雲壓船低。蘇軾興奮地從船頭跑到船尾，欣賞著奇妙的湖光山色，船伕急急地將船搖向了不遠處的望湖樓。

此時的蘇軾詩興大發，於是就有了〈六月二十七日望湖樓醉書〉五首：

> 黑雲翻墨未遮山，白雨跳珠亂入船。
> 捲地風來忽吹散，望湖樓下水如天。
> 放生魚鱉逐人來，無主荷花到處開。
> 水枕能令山俯仰，風船解與月裴回。
> 烏菱白芡不論錢，亂繫青菰裹綠盤。
> 忽憶嘗新會靈觀，滯留江海得加餐。
> 獻花遊女木蘭橈，細雨斜風溼翠翹。

第三節　現實與豁達的撕扯

無限芳洲生杜若，吳兒不識楚辭招。

未成小隱聊中隱，可得長閒勝暫閒。

我本無家更安往，故鄉無此好湖山。

賞湖賞雨中的蘇軾醉於酒，更醉於山水之美，進而激情澎湃，才賦成即景佳作，最後更是以「中隱」、「閒官」聊以自慰，做不到隱居山林，暫時先做個閒官吧，這樣也能得到暫時的悠閒與放鬆。

杭州的水有靈，山有魂。頭上枕著的是錢塘江，懷裡抱著的是西子湖，延伸開去，有運河、西溪、九溪、玉泉……四周環繞的西湖群山，連綿數里，參差錯落，與水相伴，清奇秀麗，有寶石山、孤山、吳山、鳳凰山……這西湖群山，盡顯帝王清秀之氣，鑄就了千百年來杭州人的大氣、雅致與灑脫。如此山清水秀也出美人。

也就是在秀美的鳳凰山下，蘇軾遇見了自己的紅顏知己王朝雲。王朝雲是在隨後的日子裡與蘇軾相伴終生的人，也是蘇軾日後被貶惠州後的主要伴侶和精神支柱，是她的甘受清苦與貧賤，陪伴蘇軾度過了那段貶謫之後漫長的艱難歲月，當然，這已是後話。

熙寧六年（西元 1073 年）二月的一日，蘇軾與幾位文友同遊西湖，宴飲時邀請了王朝雲所在的歌舞班前來助興，絲竹聲悠揚清遠，舞女們濃妝豔抹，長袖徐舒，輕盈曼舞，而

第四章　得失之間：朝朝暮暮勝天長地久

舞在中央的王朝雲展示了優美的舞姿和高超的舞技,特別引人注目。

舞罷,眾舞女入座侍酒,王朝雲恰轉到蘇東坡身邊。這時的王朝雲已換了另一種裝束:洗淨濃妝,黛眉輕掃,朱唇微點,一身素淨衣裙,楚楚可人,別有一番韻致。此時,本是麗陽普照、波光瀲灩的西湖,由於天氣突變,陰雲蔽日,山水迷濛,成了另一種景色。湖山佳人,相映成趣,蘇東坡靈感頓至,揮毫寫下了傳誦千古的〈飲湖上初晴後雨二首（其一）〉:

水光瀲灩晴方好,山色空濛雨亦奇。
欲把西湖比西子,淡妝濃抹總相宜。

此詩明為描寫西湖旖旎風光,而實際上寄寓了蘇東坡初遇王朝雲時為之心動的感受。本是驚鴻一瞥,不承想日後情根深種。而這一首詩,也成了蘇軾為西湖代言的佳作。

千年後的林語堂先生曾對蘇東坡的這首西湖詩詞,留下了一段絕妙的評論:「西湖的詩情畫意,非蘇東坡的詩思不足以極其妙;蘇東坡的詩意,非遇西湖的詩情畫意不足以盡其才。」不得不說真是由於有了這千古奇才與絕色美景的結合,才使得西湖有了情景雙絕,馳名中外。

自那次遊船上初見朝雲,蘇軾總會不經意間憶起她的模樣。他自問身邊從不缺色藝雙絕的佳人陪伴,但如朝雲一般

第三節　現實與豁達的撕扯

雖混跡煙塵之中，卻獨具一種清新潔雅的氣質之人，實未遇到。她彷彿一股空谷幽蘭的清香，沁入蘇軾因世事變遷而寂寞的心。

有了牽掛的蘇軾常遊西湖山水，他潛意識裡還是期盼著能與朝雲再次相見。也許是天意，又一個雨霽初晴的午後，蘇軾與好友張先同遊鳳凰山。雨後洗滌過的空氣格外清新，包裹著泥土花草的清香，瀰漫了整個古城。

傍晚時分，一抹晚霞裝點著雨後初晴的天空，透過如紗薄雲的縫隙，斜陽的餘暉鋪滿大地，路上行人三五成群。遠處的鳳凰山巒雲霧繚繞，近處的西湖如玉帶環繞古城，整個畫面猶如一幅清涼如仙、如詩、如畫的夢境，景不醉人人自醉。

如此良辰美景，張先笑著打趣稱如此美景，卻無佳人陪伴左右，唯有他蘇軾陪著自己這個老叟，可真是可惜呀可惜。正說著，遠處江邊緩緩飄來陣陣箏聲，箏聲纏綿悲切，如橋下潺潺的流水，如孤鴻飛過時的幾聲清啼，更如女子的哀婉嘆息。

兩個人不約而同地望向箏聲傳來的地方，只見湖心有一彩舟漸近，舟頭中一窈窕女子風韻嫺雅，正在鼓箏，那女子身影似曾相識，再細看，真是朝雲，蘇軾頓時心頭湧動，笑著作了這首〈江神子·湖上與張先同賦〉：

第四章　得失之間：朝朝暮暮勝天長地久

鳳凰山下雨初晴。水風清，晚霞明。一朵芙蕖，開過尚盈盈。何處飛來雙白鷺，如有意，慕娉婷。

忽聞江上弄哀箏。苦念情，遣誰聽。煙斂雲收，依約是湘靈。欲待曲終尋問取，人不見，數峰青。

一曲未終，人翩然不見，蘇軾悵悵然。張先見此詩情景交融，和婉輕倩，曲折含蓄，情韻無限，又看到蘇軾如此模樣，張先也認出了舟中女子便是那次西湖歌宴上為蘇軾斟酒的王朝雲，久經風月的他自然是了然於胸，又因一向懂得蘇軾並非留戀風塵之人，所以勸蘇軾說，人生得一紅顏知己實屬不易，若心有所屬，便可為之。

但蘇軾既已動了心思，必定還要回家和夫人商議。所幸蘇夫人王閏之是懂他的，她知道自己的夫君雖風流瀟灑，不拒紅顏，但從未出格；夫君是知禮節、識輕重之人，能被夫君看中的女子，也必定不是胭脂俗粉。

在那個年代，官宦人家，三妻四妾也是很正常的事。蘇夫人出身進士之家，對於官場之事也略知一二，如夫君這般才華橫溢之人不知有多少女子仰慕青睞，但這些年來夫君也只有自己一個妻，如此琴瑟和諧，對自己來說已經是足夠幸運。

於是在蘇夫人的同意和操辦下，年僅十二歲的王朝雲便被贖身出來入住蘇家。蘇夫人見其天姿娉婷，憐其清新潔

第三節　現實與豁達的撕扯

雅,對朝雲也甚是喜歡,收她為貼身侍女。朝雲天生麗質,聰穎靈慧,敏而好義,精通音律,在蘇軾的教導下,進步得很快。

朝雲不同於蘇軾前兩位妻子出身正統,練達持家,地位也遠遠不及前兩位妻子,但正是她的獨特經歷,在精神和藝術感受上,她又比前兩位夫人更能進入蘇軾的精神世界。

終日陪伴在蘇軾左右的朝雲,憑著對藝術生活的了解與體驗,對細膩感情的把玩品味,與富有浪漫氣質的蘇軾相知相惜,填滿了蘇軾的精神世界。蘇軾無論走到哪裡,總會把朝雲帶在身邊。蘇軾家的極品茶葉密雲龍,只有朝雲才能取出,專門用來招待蘇門四學士黃庭堅、秦觀、晁補之和張耒四人。

後來因為日後陪伴蘇軾經歷生死沉寂的人生變故,朝雲也成了最了解蘇軾的人。

一日,蘇軾吃完飯,拍腹徐行,走到院中,看到朝雲和幾個侍女在玩,就笑著走過去指著肚子問她們是否知道自己這腹中裝的是什麼,其中一個侍女稱老爺肚子裡裝的可都是文章,蘇軾聽後笑而不語,另一侍女接著說老爺肚子裡裝的都是聰明才智,蘇軾聽後也只是搖了搖頭。這時朝雲卻歪著腦袋說老爺肚子裡裝的都是不合時宜。蘇軾聽罷,捧腹大笑說:「知我者,唯有朝雲也。」

第四章　得失之間：朝朝暮暮勝天長地久

　　說蘇軾滿腹文章或滿腹聰明才智，當然都不錯，但蘇軾之為蘇軾，政治抱負無法施展，確實都是因為他一肚皮都是些不合時宜的思想。難怪蘇軾捧腹大笑，把朝雲引為知己。

　　朝雲深知，經歷多次變故，蘇軾對於自身榮辱已淡然處之，在仕途上春風得意的背後，也隱藏著蘇軾內心對人生禍福相倚的憂懼，物質富有乃身外之物，精神富有方不再貧瘠。能透視蘇軾內心世界至此，真可謂是蘇軾的紅顏知己了。在杭州與朝雲的相遇是蘇軾一生的幸運。

　　杭州的山也是最有靈氣的了。杭州之山，仙靈所隱之處，必然是山峰奇秀，鬱鬱蔥蔥，清泉汨汨。名山的絕妙之處更少不了山中佛寺香菸繚繞，妙相莊嚴，氣勢巍峨。徜徉在這南天佛國的氛圍裡，尋訪並盡情領略佛教藝術的魅力，可以讓人真切感受到蘊藏在西湖山水之間豐厚的歷史文化韻味。

　　塵世的紛擾，在這裡頃刻間灰飛煙滅，一散而盡。以夢為馬的詩酒年華裡，怎少得了與佛印的煮酒吟詩，不負韶華。

　　在杭州的日子裡，蘇軾與眾多僧友交往甚密，但最交好之人莫過佛印了。二人經常一起參禪打坐、互開玩笑。蘇軾愛好美食，一日忽想吃魚，就吩咐廚師，用一尾西湖活草魚，洗淨剖開去除內臟，魚身裂上五刀，加之火腿、蔥、薑慢火蒸製。廚師燒製好後，就幫蘇軾送到書房。蘇軾一見，

第三節　現實與豁達的撕扯

熱騰騰、香噴噴，魚身上刀痕如柳，連聲讚嘆好一尾五柳魚！可誰想他剛舉筷要吃，忽然，看到窗外人影一閃，佛印來啦。

蘇軾一驚，心想佛印來得可真是時候，自己剛要吃魚，他卻趕來了。於是當即決定，今天偏不讓佛印吃上，看他怎麼辦！於是，蘇軾急忙把魚盤子放到書架頂上，藏起酒具，裝出一副一心一意推敲詞句的樣子。

不過，蘇軾沒有想到，佛印腳快眼尖，在窗外早已見到那盤魚了，心裡也是暗暗決定，任他蘇軾藏得再好，今日也要叫他拿出來！

蘇軾笑嘻嘻招呼佛印坐下，問佛印不在寺院，倒是跑來他這裡，可是有何指教，佛印心中了然，一本正經地回答：「今日前來向居士請教一字。」蘇軾看佛印故弄玄虛的樣子，心裡疑惑，問他是何字，佛印則不緊不慢地問道：「你姓蘇的『蘇』字怎麼寫法？」

蘇軾聽完，眉頭一皺，未加細想便脫口而出：「哦，『蘇』字嘛，上面一個草字頭，下面左邊一『魚』字，右邊一『禾』字。」

佛印又假裝糊塗地問：「假如草字頭下面左邊是『禾』右邊是『魚』呢？」蘇軾正想著，佛印接著說：「那把『魚』擱到草字頭上邊呢？」

第四章　得失之間：朝朝暮暮勝天長地久

蘇東坡急忙說：「哎，那可不行啊！」

佛印見蘇軾已中了自己的「小圈套」，哈哈大笑說道：「好哇！你說把魚擱到上面不行的，那就快些把牠從上面請下來吧！」

蘇軾這才恍然大悟，明白了佛印的「詭計」。二人撫掌，便一起享用他那盤五柳魚，開懷暢飲起來。

沒過多久，蘇軾回訪佛印。恰逢佛印正忙著做菜，剛把煮好的魚端上桌，就聽到小沙彌稟報稱東坡居士來訪。佛印怕把吃魚的祕密暴露，情急生智，把魚扣在一口磬中，便急忙出門迎蘇軾。兩人同至禪房喝茶，蘇軾一進門坐下，便有陣陣魚香撲鼻而來，四下望去，別無藏魚之處，忽見桌上反扣的磬，心中有了主意。

因為磬是和尚做佛事用的一種打擊樂器，平日都是口朝上，今日反扣著，必有蹊蹺。於是笑著對佛印說：「今日友人出了一對聯，上聯是『向陽門第春常在』，在下一時對不出下聯，望長老賜教。」佛印不知是計，也脫口而出：「居士才高八斗，學富五車，今日怎麼這麼健忘？這是一副老對聯，下聯是『積善人家慶有餘』。」這下子，輪到蘇軾開心了：「既然長老明示磬（慶）有魚（餘），就請讓我來大飽口福吧！」

佛印這才發現自己上了當，笑盈盈地從磬裡端出魚，關了房門，與蘇軾舉杯共飲。

第三節　現實與豁達的撕扯

一山一水，一景一人，多變的杭州，總是能給蘇軾帶來不一樣的驚喜。

每年的中秋時節，杭州百姓都會參與一項重大事件，就是錢塘江觀潮。蘇軾本就喜歡雄壯奇觀，自然不會錯過。於是早早預定下最佳觀潮位，等到中秋之日，與同僚一起，坐觀浪潮洶湧和弄潮少年的表演。

弄潮就是古代的衝浪，他們高舉小紅旗，齊聲唱著小曲，出沒於浪潮之間。看到如此壯闊之景，蘇軾也全身血液翻騰，寫下了「萬人鼓譟懾吳儂，猶似浮江老阿童。欲識潮頭高幾許，越山渾在浪花中」。

八月觀潮，春日賞花，蘇軾總能在杭州尋到快樂的事。一到春日，杭州的吉祥寺中上千株不同品種的牡丹爭相綻放，花開繁盛，十分動人。每到花開時節，愛好熱鬧的蘇軾就會陪同知州陳襄前往吉祥寺，賞花擺酒作樂。絲竹聲聲，香風陣陣，引來無數百姓前來觀賞。甚至還有百姓帶來了自家種的牡丹，用絲綢彩籃裝飾，與吉祥寺牡丹鬥豔，男人舉杯痛飲，女人把牡丹插在了頭上、襟前。忘情的百姓負責花會狂歡，蘇軾負責吟詩作笑：「人老簪花不自羞，花應羞上老人頭。醉歸扶路人應笑，十里珠簾半上鉤。」真是一派盛世和諧的官民同樂景緻。熙寧四年至七年（西元1071年至西元1074年），是蘇軾第一次在杭州任職期間。短短四年，蘇軾

第四章　得失之間：朝朝暮暮勝天長地久

已與杭州緊緊融合在了一起,他的事蹟強而有力地滲透在了杭州生活的各方面。杭州溫暖了蘇軾的心,蘇軾也贏得了杭州人的心。

隨著歷史的延續,城市的發展,這種融合已然昇華為一種文化,而蘇軾留下的文化底蘊也終將在時間的沉澱中歷久彌新。

第五章
人生如寄：高歌且行

第五章 人生如寄：高歌且行

第一節
得高歌處且高歌

　　時光清淺，歲月起伏。每個生命都需要被時間打磨，歷練著人間煙火，按照未知的方式經歷一段段的成長，一路負重，一路前行。

　　按照北宋朝廷的慣例，地方官員任職滿三年後，均須另調其他地方任職。熙寧七年（西元 1074 年）六月，陳襄離杭出知陳州，蘇軾雖有不捨，但也只能同舟送至臨平（今杭州東北），並在舟中作〈南鄉子·送述古〉：

　　回首亂山橫。不見居人只見城。誰似臨平山上塔，亭亭，迎客西來送客行。

　　歸路晚風清。一枕初寒夢不成。今夜殘燈斜照處，熒熒。秋雨晴時淚不晴。

　　在杭州三年，陳襄雖與蘇軾年齡相差二十歲，二人卻志同道合，政見、詩詞愛好相同，互相尊重，結為忘年摯友。陳襄此去不知是否還有相逢之日。蘇軾不捨二人在杭州的共同時光，也不捨二人的深厚情誼，同時對自己的前途隱隱擔憂。

第一節　得高歌處且高歌

　　因為，再過幾個月，蘇軾為期三年的杭州通判任期將滿，而此時朝堂之上依舊不算太平，王安石變法還在如火如荼地進行，改革派當政，守舊派多被罷黜。已復官待制、瀛州知州的李師中向神宗進言「伏望詔求方正有道之士，召詣公車對策，如司馬光、蘇轍輩，復置左右，以輔聖德」。

　　然當時朝中改革派呂惠卿等人斷不能忍，畢竟蘇軾是神宗皇帝頗為賞識的青年翹楚，蘇軾又對新法極力反對，於是呂惠卿彈劾李師中欺罔皇帝，尚未召回蘇軾，李師中即被貶為和州團練副使。

　　身在杭州的蘇軾也已認清嚴峻的政治形勢，此時若請求調返京城，無異於飛蛾撲火。考慮到弟弟蘇轍熙寧六年（西元 1073 年）已由陳州學官改任齊州（今濟南）掌書記，蘇軾上書朝廷，主動請求二番外任：「攜孥上國，預憂桂玉之不充；請郡東方，實欲弟昆之相近。」

　　不久之後，朝廷的上諭到達杭州，蘇軾「罷杭州、徙密州」。熙寧七年（西元 1074 年）冬，三十八歲的蘇軾帶著實現致君堯舜的理想與現實矛盾的糾結，結束了杭州通判的任期，趕赴密州上任。

　　一路上，蘇軾的情緒並不是很好，蘇夫人王閏之看在眼裡，痛在心裡，她雖不理朝堂之事，卻也明白自己夫君的鬱鬱不得志，只得溫柔勸解蘇軾，其實此次去往密州，倒也並

第五章　人生如寄：高歌且行

無不好，不必過於苦悶。一方面，這樣可以遠離京城的是非之地；另一方面，密州離弟弟蘇轍也是近了許多。

要知道，兩兄弟也快三年未曾見面了。聽了夫人的話，蘇軾略有思忖，此次遠離政治漩渦得以自保避禍，且能再與弟弟子由相見，的確未嘗不是一件幸事，於是笑著拍了拍蘇夫人的手，「夫人所言極是」，並且，在一個夜晚，還寫下了〈沁園春・赴密州早行，馬上寄子由〉：

孤館燈青，野店雞號，旅枕夢殘。漸月華收練。晨霜耿耿，雲山摛錦，朝露漙漙。世路無窮，勞生有限，似此區區長鮮歡。微吟罷，憑征鞍無語，往事千端。

當時共客長安，似二陸初來俱少年。有筆頭千字，胸中萬卷，致君堯舜，此事何難。用舍由時，行藏在我，袖手何妨閒處看。身長健，但優遊卒歲，且鬥尊前。

這首詞不同於蘇軾在杭州時所作詩詞的清新華麗。這一次，他的筆下也不再是兒女情長，而是文人志士的抱負和追求。此詞寫此心，道出了蘇軾從九霄雲外跌落人間塵埃的極度無奈，充滿了欲進不得、欲罷不能的矛盾和痛苦徘徊。可惜的是，這次刻意的安排也終未能如願，蘇軾只得攜家眷先行前往密州上任。

理想的豐滿總擋不住現實的骨感，密州之於杭州，簡直天壤之別。若說杭州是人間天堂，那麼密州就是蠻荒之地，

第一節　得高歌處且高歌

更是蘇軾官途中的煉獄，等待蘇軾的將是蝗災漫天、旱災交相為虐，盜賊滿野、餓殍遍地的巨大困境。

初入密州境內，蘇軾就注意到了沿途兩百餘里，處處可見密州的百姓三五成群，用蒿草藤蔓將滿地的蝗蟲、蟲卵包裹起來，挖地深埋，以絕後患。

他敏銳意識到，密州蝗災異常嚴重，如若不盡快採取抓捕措施，必然會給百姓帶來不可預計的災禍，防範不利就會造成顆粒無收，百姓無以為生，流離失所。因此，蘇軾抵達任所後，下車伊始便著手查詢蝗蟲災情。

經視察，到目前為止，僅報官的百姓捕殺蝗蟲數量已達三萬斛之多！情況嚴重得已經超乎了他的想像。他立刻召集地方官員商議對策，沒想到當地的官員竟十分昏庸迂腐，不僅發出「蝗不為災」的愚昧之言，甚至還有邀寵之徒，睜眼說瞎話：「蝗蟲飛來，能為民除草。」

早在杭州時，蘇軾即已目睹過蝗群嚙咬禾苗、「口吻如風那肯吐」的嚴重場面，那真可謂：「前時渡江入吳越，布陣橫空如項羽。農夫拱手但垂泣，人力區區固難禦。」他還親自到各個屬縣推動捕蝗。

當時，飛蝗從西北鋪天蓋地而來，嗡鳴之聲壓過了江水的波濤聲，「上翳日月，下掩草木，遇其所落，彌望蕭然」。思及蝗災的可怕和庸官腐史之言，蘇軾異常氣憤，憤然斥責

161

第五章　人生如寄：高歌且行

道：「蝗不為災，你們這是欺騙誰，蝗蟲如若真能為民除草，農民應是祈盼牠們多來，又怎會忍心捕殺呢？」他更進一步譴責這幫腐吏說：「身為一方父母，你們坐觀蝗災氾濫，不思補救之法，是何官心！」這群官員當即啞口無言。

蘇軾深知驅除蝗蟲是地方官的職責，他身先士卒，在滅蝗的那些日子裡，從早到晚奔忙在田間地頭，巡視督察，親身體驗到滅蝗的勞苦。不過，蘇軾並不是盲目滅蝗，而總是在實踐中積極尋找方法。

與蝗蟲的鬥爭中，蘇軾也慢慢摸索出了蝗蟲的活動規律，白天蝗蟲在地下爬著吃莊稼，如果地上有個小溝，前面的蝗蟲爬進去，還未出來，後面的蝗蟲就爬了下去，將前面的蝗蟲壓在底下；夜裡牠們愛往亮處飛。於是蘇軾讓百姓在地裡不遠的地方挖一條溝，將蝗蟲趕到溝裡，用土埋起來。夜裡則點起一堆堆的篝火，引誘蝗蟲前來葬身，效果奇佳。

在捕蝗的過程中，蘇軾也經常向老農請教農業生產知識，由此他知道了「蝗旱相資」：由夏至冬時，如果長時間乾旱，就容易造成蝗蟲大量滋生，如若坐視不管，滿地幼蟲，多如塵埃，一旦春回氣暖，就將展翅高飛，釀成大災。

因此，他主張盡可能地防患於未然，爭取最大限度地減輕來年將要發生的災情。在春暖之前，他廣泛發動民眾以火燒土埋的辦法群起捕殺幼蟲；同時，還專門撥領薪水米，

第一節　得高歌處且高歌

用於獎勵積極捕蝗的百姓，滅蝗除卵，又能「得米濟飢還小補」，百姓積極性也因此高漲。

儘管如此，因為連年旱蝗相續，密州也早已饑民遍野，而此時朝堂之上，呂惠卿卻勢頭正盛，推行的新法也更為苛刻，密州百姓被天災人禍所裹挾，生活異常艱難，多數人只能依靠草根樹皮聊以度日。屋漏偏逢連夜雨，這年秋旱又比往年更加嚴重，從夏到秋滴雨不下，冬麥幾乎無法下種，直到十月十三日，才好不容易盼來一場雨雪，可那時早已是天寒地凍，難以播種，即使勉強種下，麥苗也無法生長。

和常年相比，十分之中只種得二三分。面對這民不聊生的悽慘現狀，蘇軾不忍，於是上報朝廷，請求豁免秋稅，為百姓求得一條生路。

在城南臥虎山常山神廟西南十五步的地方，有一口泉，汪洋迴旋如車輪，清涼滑甘，冬夏如一，泉水溢滿流出，直到山下。於是蘇軾帶人砍石為井，深七尺，廣三尺二，在上面建亭，為泉取名為雩泉，蘇軾又為百姓尋到了水源，使抗旱救災取得實效。

密州的日子過得緊張而又辛苦，時常面臨的悽慘狀況讓蘇軾身心俱疲。人往往都是這樣，越是孤獨無助、痛苦難耐的時候，越容易回憶過往自己重視的人。熙寧八年（西元1075年），正好是蘇軾愛妻王弗離世十年的日子，二人本

第五章 人生如寄：高歌且行

是少年夫妻，想到愛妻王弗在世時，聰明賢惠、政治敏感性強，不僅是自己生活上的賢內助，更是政治上的好軍師。到如今，斯人已逝，蘇軾心中百味雜陳，對亡妻的思念更甚。

但他畢竟是蘇軾，一個骨子裡深深扎根著酬知遇、報君恩思想的有志之士，即使兒女情長也是一時之事，他明白自己的職責所在，「勤於吏治，視官事如家事」。

儘管從到任之日起，蘇軾便帶領密州人民與大自然奮力打拚，可是，由於當時生產技術的限制，在巨大的天災面前，人力的抗擊依然顯得微不足道。

身處無衣無食的困苦之中，蘇軾也不禁感嘆道：「余自錢塘移守膠西，釋舟楫之安，而服車馬之勞；去雕牆之美，而蔽采椽之居；背湖山之觀，而適桑麻之野。始至之日，歲比不登，盜賊滿野，獄訟充斥；而齋廚索然，日食杞菊。」

一府知州，日子尚且難過，更遑論平民百姓。孱弱者拋兒棄女，輾轉死於溝壑；強悍者則鋌而走險，恃強行劫。對於「盜賊漸熾」，百姓不堪其苦，身為知州的蘇軾，明白保一方百姓平安也是他刻不容緩的職責。

他深刻分析了天災人禍互為因果：首先天災是盜賊橫生的主要原因；其次，自古以來，山東便民風彪悍，常有被逼無奈之民，落草為寇；最後，也是最直接原因，新法傷民，無論「方田均稅之患」還是「手實法」，都已逼得民怨四起，

第一節　得高歌處且高歌

民窮必反。大荒歲月對於廣大的窮苦百姓來說,「冒死而為盜」固然可能一死,「畏法而不為盜」也難免飢餓而亡,不少人「相率為盜」,也是無可避免。

蘇軾體恤百姓,深知要解決「盜患」必須心存民本,治盜必須治本,並與治事、治吏相結合,挖掉盜賊產生的根源。思慮再三,他制定了自己的彌盜計畫,並上書朝廷〈論河北京東盜賊狀〉,以期朝廷的支持。

首先,要滅災,所幸在他的努力下抗災已初見實效。

其次,對山東百姓施行「仁慈」、「敦化」之政,循循善誘,或可安撫百姓,勸民從良,「明立購賞,隨獲隨給,人事競勸,盜亦斂跡」。

再次,對待盜賊也要有所區別,對於盜賊主犯須「敕法以峻刑,誅一以警百」,對於從犯「按問減等」,於是「信賞必罰,以威克恩,不以僥倖廢刑,不以災傷撓法,如此而人心不革,盜賊不衰者,未之有也」。

最後,建議朝廷允許商人從事商業活動,並免除小商小販的商稅,同時廢除非民政策,只有寬政利民,給人民一條生路,才能保障社會的長治久安。沒過多久,朝廷知法害民,便決定廢除非民新法,支持蘇軾的做法,施惠百姓。

至情至性的蘇軾,不僅執政能力出色,他對貧苦百姓也充滿了同情心。災荒的那幾年,窮苦的百姓無處可逃,餓殍

第五章　人生如寄：高歌且行

遍野,被遺棄的孩子隨處可見。災荒之年,餘糧全無,若非到了萬不得已的地步,作為父母怎會忍心丟棄孩子,割捨下親生骨肉?可憐天下父母心,蘇軾怎會不理解?

但這都是一個個鮮活的小生命,自己又怎能忍心不救?蘇軾常常懷著沉痛的心情「灑涕循城拾棄孩」。

剛開始救助的孩童,蘇軾尚能帶回自家,叮囑夫人好生餵養,可被遺棄的孩童實在是太多了,夫人、朝雲還有家裡的其他用人每天都要騰出很大精力來照顧帶回家的孩子,蘇軾必須另尋他法了。於是幾經周折,他設法撥出數百擔糧米,另庫貯之,專門用於收養這些可憐的棄兒。

同時,為讓棄兒也有家可依,他便張貼告示,鼓勵百姓:願意領養孩子的家庭,每月由官府補助六斗米,以此來勸諭人們憐惜這些幼小的生命,使這些失去依怙的孩子重得家庭的溫暖。

隨著時間的慢慢推移,領養者對自己撫養的孩子產生了深厚的骨肉之情,即使生活再苦,也不肯輕易捨棄。就這樣,蘇軾懷著偉大的人道精神,救活了數千名在死亡邊緣上掙扎的孩童。

熙寧八年(西元 1075 年),經過蘇軾近一年的努力,「蝗旱相仍」的災情全面得到遏制,「盜賊漸熾」的局面也大為改觀,「餓殍棄兒」的現象基本杜絕。蘇軾治理密州成果初現,

第一節　得高歌處且高歌

呈現出幾年來少有的穩定富庶。

此時,朝堂之上也風雲變幻,呂惠卿被正式罷相,加上陳襄向神宗再次舉薦司馬光、蘇軾等人,政治形勢似乎正沿著有利於保守派的方向發展,這讓蘇軾看到了回朝大施拳腳的亮光。

熙寧八年(西元 1075 年)十月的一天,蘇軾再次前往常山,歸途中與隨行人員來到郊外鐵溝附近狩獵,留下了流傳甚廣的〈江城子・密州出獵〉:

老夫聊發少年狂,左牽黃,右擎蒼,錦帽貂裘,千騎卷平岡。為報傾城隨太守,親射虎,看孫郎。

酒酣胸膽尚開張,鬢微霜,又何妨。持節雲中,何日遣馮唐?會挽雕弓如滿月,西北望,射天狼。

當時的北宋內憂外患,契丹、西夏、交趾都對大宋虎視眈眈,蘇軾雖為「文知州」,也不忘武事,希望透過強身習武,以待報效國家。而也正是這首詞拉開了**轟轟**烈烈的宋朝豪放詞的大幕。

自此,蘇軾如同開悟一般,詞風陡然一變,筆端幻化出萬千氣象,自成一家,也顯示出了蘇軾日後詞作創造的定律:越艱辛越璀璨。

《禮記》有云:「四十曰強,而仕。」說的是對於讀書入仕之人來說,四十歲正是智深力強、做官為政的好年齡。在密

第五章　人生如寄：高歌且行

州從政的兩三年間，正值蘇軾三十九歲至四十一歲的不惑之年，他大踏步地走入了人生的成熟期，在各個方面都做出了突出的成就和獨特的業績，成為他光輝一生的重要階段。

第二節
世事不可強求

　　人這一生，得失盡有，終其一世，不過雲煙。人到中年，苦樂參半，更應當知其樂，忘其苦，明其心，苦其志，追其形，忘其意。對於蘇軾來說，處境越是艱難，他就越是堅忍不拔，四十歲之後的他，更是窮且益堅，不墜青雲之志，而杭州、密州的苦樂之行，也最終釀成了他生命長河中獨特的滋味。

　　蘇軾上任密州後埋頭苦幹，小有所成，這讓蘇軾的治國理政才能再一次得到了印證，此時的蘇軾也比任何一個時期都渴望得到朝廷的召喚，渴望在更高、更寬、更廣的平臺上施展自己的政治抱負，他甚至直接向朝廷喊話：「聖明若用西涼簿，白羽猶能效一揮。」

　　然而，此時的朝堂之上波詭雲譎，局勢複雜多變，雖然改革派偶有折戟，保守派也略獲小勝，但在進退拉鋸之間，改革派總能左右朝堂局勢，蘇軾雖屢被舉薦，卻也次次無疾而終。

　　在希望與失望交替輪換中，他也漸漸生出了對深陷政治漩渦身不由己的厭倦，開始重新審視目前雖困窘但安寧的生

第五章　人生如寄：高歌且行

活,並產生了眷戀。

想當初剛來密州之時,正好遇到元宵佳節,上元之夜,蘇軾上街看燈,隨意閒行。密州不比杭州,貧窮、勞頓又粗陋,再無江南之詩情,加上連年蝗旱,民不聊生,讓蘇軾自覺悽清落寞,於是他寫下了〈蝶戀花·密州上元〉:

燈火錢塘三五夜,明月如霜,照見人如畫。帳底吹笙香吐麝,更無一點塵隨馬。

寂寞山城人老也!擊鼓吹簫,卻入農桑社。火冷燈稀霜露下,昏昏雪意雲垂野。

經過一年的治理,第二年的密州風調雨順,百姓安居樂業,蘇軾也能騰出更多的時間寄情山水。這段時間是蘇軾最難過、最沮喪的時光,但也因這段經歷,他的創作生涯達到了一個高峰,寫出了最好的詩詞。

熙寧八年(西元 1075 年)八月,蘇軾命人修葺了密州城北的舊臺,該臺原是城牆上的土臺,蘇軾復加棟宇,整修後的超然臺,「臺高而安,深而明,夏涼而冬暖」,成為蘇軾在密州時主要的登臨會友之所。當時遠在濟南的蘇轍聽說哥哥在密州建了這個臺子,取《道德經》中「雖有榮觀,燕處超然」之意,希望哥哥想得開,超然於物外,不要計較官場那些得失,為此臺命名「超然臺」。

他深知哥哥的性格和情感,還特地寫了一篇〈超然臺

第二節　世事不可強求

賦〉，誇其「高臺凌空」。從此，蘇軾深愛此臺，特意寫了〈超然臺記〉以明志。蘇軾常與同僚好友一起，登臺遠眺，觀光賞景，談詩論文，對酒放歌，留下傳誦千古的詩詞名篇，帶起了「十萬人家盡讀書」的「超然文化」。

此後的數篇名作也均是在超然臺上完成的，蘇軾傳世詩詞近三千篇，而在超然臺上飲酒放歌成篇二百多首，其中就包含了他的很多傳誦千古的詩詞名篇。超然臺如他的老友一般成為蘇軾輝煌詩詞篇章的見證者。

熙寧九年（西元 1076 年）暮春，蘇軾登超然臺，眺望春色煙雨，觸動鄉思，寫下了〈望江南・超然臺作〉：

春未老，風細柳斜斜。試上超然臺上看，半壕春水一城花。煙雨暗千家。

寒食後，酒醒卻咨嗟。休對故人思故國，且將新火試新茶。詩酒趁年華。

這首詞，情由景發，情景交融，將寫景、抒情結合得如此完美，細膩生動地表達了遊子熾烈的思鄉之情和豁達超脫的襟懷。蘇軾借煮茶來表達自己對故國思念之情的自我排遣，「詩酒趁年華」更是表達了自己的超然物外，抓緊時機借詩酒以自娛。

這一年的中秋，皓月當空，銀輝遍地。此刻，與朋友在超然臺暢飲的蘇軾，念及分別多年的弟弟，舉杯望月，無限

第五章　人生如寄：高歌且行

遐思，心潮起伏，於是乘酒興正酣，又揮筆寫下了廣為人傳誦的〈水調歌頭·明月幾時有〉：

明月幾時有，把酒問青天。不知天上宮闕，今夕是何年？我欲乘風歸去，又恐瓊樓玉宇，高處不勝寒。起舞弄清影，何似在人間！

轉朱閣，低綺戶，照無眠。不應有恨，何事長向別時圓？人有悲歡離合，月有陰晴圓缺。此事古難全。但願人長久，千里共嬋娟。

「丙辰中秋，歡飲達旦，大醉，作此篇，兼懷子由。」中秋月明，孤獨的蘇軾大醉以後，竟舉杯向月，詩興大發，此時、此地、此月、此身，人間有著多少的煩惱、多少的憂愁呀，他運用無窮的想像力，把青天擬人化，舉杯問天宮，這裡的天宮隱喻著京都汴京。

然而，一陣風來，他微醒，轉念一思，天子腳下固然美好，然而畢竟「高處不勝寒」，天宮飄渺的瓊樓玉宇雖然華貴，然畢竟冷冷清清，又何及人間的真實自然，「人間」則隱喻著現在所處的密州，在這裡有家山，有故水，有親朋好友，有月光一樣纏綿的牽念，這不才是最本真的生活嗎？

置身於人生困境中的蘇軾，中秋之夜心繫子由，他寄情高天的明月：子由，不管生活多麼困頓，不管相隔多麼遙遠，只要在這同一片月光下就是幸福，就是美滿！這是蘇軾

第二節　世事不可強求

中秋醉酒後的獨到人生感悟，是他對手足兄弟遙寄去的一片祝福。

而這首詞也成為詩與詞完美融合的大成之作，以至後世稱此詞「中秋詞自東坡〈水調歌頭〉一出，餘詞盡廢」、「中秋詞古今絕唱」、「謫仙再來」、「天仙化人之筆」等。

從此之後，蘇軾縱意驅馳，無往不利，其豪放詞有天海風濤之聲，其婉約詞作也是信手拈來，佳作迭出，成為他苦樂人生中不可多得的一抹亮色。

中秋過後，京城傳來消息，欲派蘇軾遷任汝州知州。汝州緊鄰京都汴京，相對於密州而言，更接近政治權力的中心，對於這一消息，蘇軾內心喜不自勝，但是沒過多久，就又聽說自己的職務由知汝州改為知河中府，整個人還未回過神來，就又聽說自己最終被派往徐州。

熙寧九年（西元 1076 年）十二月，任密州知州已滿兩年的蘇軾最終接到了改知徐州的任命。數月之間，自己的仕途之路沉浮反覆，自此，蘇軾上報君恩以求宏圖大展的念想徹底被打消。

收拾好心情，蘇軾攜帶妻兒又一次踏上了征途。

熙寧十年（西元 1077 年）正月底，蘇軾經濰州、青州，第一次到了濟南。他本想著這次終於可以和弟弟子由相聚了，但又未能成行，在自己還未到濟南之前，弟弟子由已經

第五章　人生如寄：高歌且行

接朝廷詔令返京等待吏部銓敘了。好在自己的故知李常正在濟南知州任上，來到濟南的蘇軾得到了李常的盛情款待。

一同迎接蘇軾的，還有蘇轍的三個兒子蘇遲、蘇適、蘇遠。三個姪子知道大伯一家要來，不顧殘雪寒意，早已興奮地佇立在城外等待，未及馬車走進，就急忙忙地迎了上去。待蘇軾下車，姪子三人齊刷刷並排一站，恭恭敬敬地對蘇軾作揖叩拜，問候大伯。

幾年不見，三個姪子長得是越發精神了，眉宇之間盡顯弟弟年輕時的風采，蘇軾內心歡喜不少，以至於多年之後仍深情地憶及此次濟南之遊：「憶過濟南春未動，三子出迎殘雪裡。我時移守古河東，酒肉淋漓渾舍喜。」

在「四面荷花三面柳，一城山色半城湖」的魅力濟南，他鄉遇故知，又與三個姪子相逢，蘇軾一家在濟南待了一月之久。在親友的陪伴下，蘇軾策馬暢遊龍山，盡撒「濟南春好雪初晴，行到龍山馬足輕」的輕鬆自在，檻泉賞梅花飲酒，享受「更憶檻泉亭，插花雲髻重」的自由灑脫。

不過，濟南山水雖好，但蘇軾終究只是過客。

二月初，蘇軾帶著自家妻兒和弟弟家眷前往汴京與弟弟會合，接到消息的蘇轍早早地就來到城外等待。對於多年未見的哥哥，蘇轍也是萬分想念。出城三十里，只為迎親兄。兄弟二人一見面，便握手相擁，此時縱有千言萬語，也盡在不言中。

第二節　世事不可強求

　　對於哥哥蘇軾從河中府任命改為知州徐州一事，蘇轍甚是氣憤，倒是蘇軾素知弟弟沉穩持重、內斂不外露，為自己的仕途費心費力，在經歷太多的悲歡之後，此時的他心情卻頗為平靜。「人事淒涼，回首便他年」，對於詭變的官途機遇，他已不再執著，只緩緩寬慰弟弟道：「自古聖心難測，吾輩盡心即可，餘下之事自有分解。」蘇轍聽後，也明白了哥哥已能從容面對人事變遷。

　　二人說著便向陳橋驛走去，還未行至城門之處，就被上前的門吏攔住，說是前幾日已經接到上級命令，不允許蘇軾入內。這讓蘇軾錯愕不已，蘇轍也十分驚訝，兩兄弟上前細問是否其中有所誤解。

　　門吏又拿出了不得讓蘇軾入國門的文書，蘇轍一看，瞬間火大，厲聲質問這文書是何人所出。門吏聽出了蘇轍的憤怒，也只是連忙解釋自己只是奉命行事，自己官職卑微，並不知道是何原因不讓蘇大人進城。

　　蘇軾聽罷，拉住了還欲向前的蘇轍，轉身離開了城門。

　　其實，他何嘗不知道改革派對他的忌憚和排斥，雖然神宗對他三次外派，但對他的欣賞他也是能感受到的，如今，改革派依舊操控朝堂，豈能容他再與皇帝見面。他也知道此次進京面君，勢必會阻礙重重，只是沒想到會來得這麼直白與赤裸，自己終究是要遠離朝堂之外了。

第五章　人生如寄：高歌且行

無法進城，只能先找地方住下。

當時，世路險惡，蘇軾、蘇轍的前途都尚未分明，好多人避之不及，唯恐與兄弟二人交往會被連累。如此境遇之下，昔日與蘇軾和蘇轍交情深厚的范鎮伸出了援手，毅然邀請兄弟二人寓居在自己在城外的東園。

情趣志向相投，蘇軾兄弟二人與范鎮在東園經常暢談無忌，日子也似乎不再難過，於是久未成書的蘇轍又寫下了〈寄范丈景仁〉：

京城冠蓋如雲屯，日中奔走爭市門。
敝裘瘦馬不知路，獨向城西尋隱君。
隱君白髮養浩氣，高論驚世門無賓。
欣然為我解東閣，窗明几淨舒華茵。
春天雪花大如手，九衢斷絕愁四鄰。
平明熟睡呼不覺，清詩淥酒時相親。
我兄東來知東武，走馬出見黃河濱。
及門卻遣不得入，回顧欲去行無人。
東園桃李正欲發，開門借與停車輪。
青天露坐列觴豆，落花飛絮飄衣巾。
留連四月聽鵯鳩，扁舟一去浮奔渾。
人生聚散未可料，世路險惡終勞神。

第二節　世事不可強求

交遊畏避恐坐累，言詞欲吐聊復吞。

安得如公百無忌，百間廣廈安貧身。

這年三月，范鎮要去西京出遊，蘇軾也寫下了〈送范景仁遊洛中〉：「小人真暗事，閒退豈公難。道大吾何病，言深聽者寒。憂時雖早白，駐世有還丹。得酒相逢樂，無心所遇安。」

深處險境的兄弟二人對范鎮的慷慨大方無以為報，二人只能藉助這言辭深切的詩作來表達自己對范鎮清高脫俗風範和借園於己、不計個人榮辱得失的敬重與欽佩。

寄居在范鎮東園的兩個月裡，蘇軾還完成了一件大事，就是為自己的長子蘇邁娶妻。想到自己愛妻王弗仙逝以後，兩人的愛子邁兒這些年來隨自己奔波多地，嘗盡人情冷暖，也是受了不少苦難，蘇軾自覺虧欠兒子很多。

蘇邁十二歲時便開始追隨蘇軾在杭州讀書，後來輾轉密州，如今蘇邁已經年滿十八，蘇軾知道這些年的不斷變遷，讓兒子始終難以碰到合心意的女子，而這一次路經汴京，緣分來了。

蘇邁遇見了呂陶家的姑娘，二人自幼相知，此後因蘇邁隨父外調，便一直未再見面。

經年未見，此次相逢，兩人一個是俊才一個是少女，相互之間暗生情愫。蘇軾見狀，也樂見其成。此時的呂陶擔任

第五章　人生如寄：高歌且行

殿中侍御史，且與蘇軾均為眉州之人，二人亦有私交，可以算是門當戶對，且小兒女情意正濃，於是蘇軾便向呂陶家求娶其女為媳，並下了婚書〈與邁求親啟〉：

里閈之遊，篤於早歲。交朋之分，重以世姻。某長子邁，天資樸魯，近憑一藝於師傅。賢小娘子姆訓夙成，遠有萬石之家法。聊伸不腆之幣，願結無窮之歡。

呂陶本就欣賞蘇軾的家風和人品，見蘇邁相貌不凡，才思過人，行事周正，頗有其父風範，且為人父母，只願女兒婚姻幸福，此生無憂，所以對此樁婚事欣然應允。熙寧十年（西元1077年）三月，蘇軾鄭重地為長子蘇邁舉辦了婚禮。

蘇邁結婚是需要婚房的，這也讓蘇軾為難起來。早年蘇父在世時，父子三人一段日子中均在汴京為官，為此蘇父曾在汴京宜秋門外（北宋前期汴京內城西南角的一座小門）置辦過一處房產，後來蘇父去世後，蘇軾、蘇轍二人也因為朝廷派系之爭而外調出京。事實上，宋朝高房價讓很多詩人買不起房，蘇軾一直到47歲才買到房子，有了自己的安身之所。之後二人也一直旅官在外，再未在汴京置辦房產，以致後來多次來京述職也須寄居旅店或友人家中。

聽到蘇軾要為子娶妻無婚房可用，已是忘年之交的范鎮又一次發揮了他的力量，他立即派人把東郊別墅那幾間暫時空閒的房子全部打掃乾淨，收拾一新，給蘇邁做婚房之用。

第二節　世事不可強求

　　錦上添花易，雪中送炭難，這份情誼讓蘇軾未能忘懷。范鎮仙逝以後，蘇東坡在其輓詞中寫下了「高齋留寓宿，旅食正蕭然」，來表達自己對范鎮留宿借房情誼的感謝與緬懷。

　　雖然蘇邁的婚禮略顯倉促，但是蘇軾和蘇轍兩家也做了精心準備。蘇軾的妻子王閏之更是親力親為，絲毫不曾懈怠。

　　蘇邁雖不是她親生的，卻是她姐姐和夫君留下的唯一骨血，這麼多年來她也一直將蘇邁視如己出，更是要求自己所生的孩子以蘇邁為榜樣。蘇邁也和她十分親近，對弟弟更是愛護有加，母子兄弟感情都很深厚。

　　蘇夫人早已找人寫好禮單，並按照禮單物品一一親自採購，所選之物非為極貴卻是品色極佳，均是精挑細選之物。

　　蘇邁的弟弟們和蘇轍家的孩子們更是歡喜，他們鞍前馬後地像小大人一般幫助父母跑腿買辦，更是爭先恐後地上手幫哥哥布置婚房，添上大紅喜字，處處都顯示著一片喜氣洋洋。蘇軾還請了京城最有名的樂隊和迎親隊伍，將蘇邁的婚禮辦得熱鬧體面又大氣。這也是蘇軾人生的極大樂事了，絲毫不亞於當年自己娶妻的快樂。

　　蘇邁成親之後，蘇轍改任著作佐郎。轉眼間，兄弟二人又到離別時。看著尚有些許時間，兄弟二人便商議著分開之前再去看望一下張方平。四月初始，兩家人結伴離開汴京，

第五章　人生如寄：高歌且行

專程來南都，拜見七十一歲的張方平。

此時的張方平在南京（今河南商丘）留守，為檢校太傅、中太一宮使、宣徽南院使、兼判應天府。得知三十八歲的蘇轍改任著作佐郎，張方平又立刻辟舉蘇轍為簽書應天府判官。

在留居張府的二十多天中，遵張方平所囑，四十歲的蘇軾作〈代張方平諫用兵書〉，力諫神宗皇帝謹慎用兵，以此來表達二人的愛民之心和忠君之義。

熙寧四年至熙寧十年（西元1074年至西元1077年），蘇軾先後被派往杭州，調任密州，改派徐州，幾經困頓，卻也從未阻止他前行的腳步。這些年的心路歷程也為蘇軾日後偉大人格的養成打下了牢固的基礎。

第三節
生命奔流不息

自古以來，徐州便是北國鎖鑰、南國重鎮、兵家必爭之地和商賈雲集中心。作為歷史上華夏九州之一，徐州地處蘇、魯、豫、皖四省交界，東襟淮海，西接中原，南屏江淮，北扼齊魯，素有「五省通衢」之稱，北宋時期連接關洛（傳統政治中心）、幽燕（北方邊疆政治中心）、江南（財政支柱）三個重要地區，不僅是交通要塞，更是眾多資源的集散地。

千百年間，徐州風土清嘉、物阜民豐、人傑地靈、英豪輩出。自春秋戰國時期的爭奪彭城（今徐州）之戰，到後來秦漢之交的楚漢相爭，再到東漢末年的泗水之戰……這裡留下的每一場戰爭痕跡，幾乎都改變了國家命運或歷史走向，以至幾十年後記錄水泊梁山故事的《水滸傳》中就留下了「九里山前古戰場，牧童拾得舊刀槍。順風吹動烏江水，好似虞姬別霸王」的古韻傳唱。

不僅如此，徐州這一方水土也孕育出了猛士如風、謀士如雲、千古騷客、藝術大家，可謂風流人物，數不勝數。既有王侯將相項羽、劉邦，又有詩詞雙璧劉禹錫、李煜，還有

第五章　人生如寄：高歌且行

道教創始人張道陵。

熙寧十年（西元 1077 年）四月，群英薈萃的徐州又迎來了它的新星——蘇軾，而蘇軾也將在徐州這片大地上為他的仕途生涯留下濃墨重彩的一筆。

徐州地位如此重要，因此，蘇軾對這次任命總體還是比較滿意的。

他在〈徐州上皇帝書〉中寫道：「徐州為南北之襟要，而京東諸郡安危所寄。」這種重任在肩之感，是激勵蘇軾在徐州兩年大展宏圖的一個重要原因。

縱觀蘇軾一生，為官十六地，主政八個州，南來北往，多次於江蘇境內穿行不斷，但徐州對蘇軾的意義，遠比其他城市重要得多。

徐州不僅是他路過的一個城，更是他努力為官、人生仕途的一個重要轉捩點。他的學生秦觀曾評價說：「我獨不願萬戶侯，唯願一識蘇徐州。徐州英偉非人力，世有高名擅區域。」後來的林語堂先生在評價蘇軾時也曾說「蘇東坡的政治生命從徐州開始」。

熙寧十年（西元 1077 年）四月末，告別張方平後，在早春的寒風中，弟弟蘇轍陪著哥哥蘇軾到達徐州。四月徐州，花海如潮，一城青山半城湖，是最美的人間四月天。

一下車，蘇軾便看到這裡風景如此清幽典雅，不由得欣

第三節　生命奔流不息

喜地對弟弟說道:「這裡景緻甚佳,也算得上是小住勝地了。」蘇轍對這裡也是頗為滿意,與哥哥分別多年,加上又不急於上任,蘇轍在徐州陪哥哥待了三個多月,兄弟二人共同度過了一段美好的時光。直到過完八月十五,蘇轍才離開徐州,前去南京上任。

離別是在徐州的逍遙堂,兄弟二人想起十七年前懷遠驛中那個風雨夜的約定,本以為實現了風雨聯床的舊約,實際還是漂泊在彭城。對此,子由深情地寫下了留別絕句:「逍遙堂後千尋木,長送中宵風雨聲。誤喜對床尋舊約,不知漂泊在彭城。」

在離別的前一夜,二人共度了中秋佳節,蘇轍不捨哥哥,還寫下了〈水調歌頭・徐州中秋〉,其中寫道:「今夜清尊對客,明夜孤帆水驛,依舊照離憂。」

蘇軾讀後心中感慨不已,為弟弟和詩〈子由將赴南都,與余會宿於逍遙堂,作兩絕句〉,在序言中安慰弟弟和自己:「以為今者宦遊相別之日淺,而異時退休相從之日長,既以自解,且以慰子由云。」

熙寧十年(西元1077年)秋,中秋剛過,徐州地區迎來了數天暴雨,澶州黃河大堤決口,頃刻間淹沒了四十五個州縣,「彭門城下,水二丈八尺」,很快徐州城也被洪水困住了。

洪水聲勢浩大,處處都是「河漲西來失舊隄,孤城渾在

第五章　人生如寄：高歌且行

水光中」和「夜聞沙岸鳴甕盎，曉看雪浪浮鵬鯤」的驚險場面。黃河之水在梁山泊氾濫，從南清河溢出，匯聚在徐州城下，水位不斷上漲，已經捲走了不計其數的窮苦百姓。

蘇軾憂心如焚，派善習水者划船進行打撈，全力搶救落水百姓。然而，此時的洪水來勢洶洶，眼看就要洩進徐州城裡，城牆即將被沖毀，一時間全城百姓全部陷入了驚恐不安之中，城裡有錢的富人紛紛跑到城門之下叫嚷著要出城去避難。

蘇軾見狀，憤怒不已：「如果你們都出了城，民心一定會動搖，誰還能和我一起守城呢？我不走，你們一個個也不能走，只要有我在這裡，就不會讓決堤的水毀了城牆。」於是命令守城保全將這些富人又趕回了城裡。

八月二十一日，水位越漲越高，已經慢慢逼近了東南外牆，衙門裡的官員都勸他可暫且撤退到雲龍山上。但蘇軾想到，如果自己帶領百姓都撤退到山上，雖然能暫時保全性命，但是徐州這座千年古城必然會在洪水中消失掉。為了保全徐州城和徐州百姓，最後他決定全力抗洪，喊出了「吾在是，水決不能敗城」的決心。

蘇軾根據掌握的情況制定了詳細的抗洪方案，一方面指揮著現有的兵力加緊加固牆基，加高牆面和堤壩，防止洪水沖塌城牆，另一方面，號召五千名民夫對下游河道進行疏

第三節　生命奔流不息

濬,為洩洪做準備。

在抗洪的最前線,處處都留下了蘇軾忙碌的身影。他身披蓑衣,腳蹬草鞋,拄著木杖,在每一處最危險的地方出現,親自指揮並參與抗洪搶險的艱苦戰鬥,數次過家門而不入。

但是,連日的大雨已使城外的水位超出了城中平地近兩丈(約十三公尺),最矮的東南牆段在水面之上的部分只剩下不足六寸,巨大的洪災面前,徐州城的兵力、民力顯得十分有限。於是,蘇軾不得不頂著滿身疲憊,拖著一身泥水,馬不停蹄地前往武衛營求助。

在宋代,軍隊是直接由皇帝統率的,地方官無權調配。但眼下事態緊急,無法按常規行事,他只能喚出了營長,言辭懇切地說道:「黃河水將要沖毀徐州城了,形勢已萬分緊急,實在萬不得已,雖然你們是由皇家統率的禁軍,但也是人民的子弟兵,所以也請你們全力相助,以救徐州數萬百姓。蘇某在此替全城百姓先行謝過了。」

營長雖為一介武夫,但也是忠君愛民之人,見到連日抗洪雙眼已布滿血絲的蘇軾後大受感動,當即拱手慨然說道:「太守您尚且不逃避洪水,我們更當為您效力。您有什麼指示,請儘管吩咐。」

蘇軾也不再客氣,於是請營長率領他的禁軍士兵們拿著

第五章　人生如寄：高歌且行

箕畚鐵鍬出營，修築東南方向的長堤，堤壩從戲馬臺起，末尾與城牆相連。九月二十一日，全長九百八十四丈、高一丈、寬兩丈的防水堤奇蹟般修築完成了。當洪水要從東南牆面湧入城內時，正好被新修的防水堤擋在了牆外。

不過，洪水在城外不斷盤桓，始終是一個大隱患，此時的蘇軾又聽了一位對水利和地理非常有研究的僧人的建議，率領民夫和禁軍在一個叫清冷口的地方施工挖壩洩洪，將洪水引入了黃河故道，十月初五，洪水改道，圍困了徐州城四十五天的黃河水終於退去。

抗洪戰役勝利，百姓無不歡欣鼓舞，將蘇軾視為再生父母。雖然洪災安全度過，但蘇軾明白防患於未然的重要性，於是他上疏皇帝彙報了抗洪救災的情況，並奏請朝廷免去徐州賦稅、撥款修建徐州城牆。朝廷的嘉諭很快就傳到了徐州，神宗皇帝在盛讚蘇軾、犒勞軍民的同時，也詔准了蘇軾在城外修築小城和木岸的請求。

因此，在得到朝廷撥款後，蘇軾又立即率領軍民在城東要衝處修築了一座十丈高樓，按金、木、水、火、土「五行」之說，黃色為土，土當剋水，以黃土刷牆，取「土實勝水」之意，此樓也被命名為「黃樓」。

元豐元年（西元 1078 年），黃樓落成，蘇軾還邀請了不少名人登樓賦詩，弟弟蘇轍特地為其寫了一篇千字賦文〈黃

第三節　生命奔流不息

樓賦〉，蘇軾親自將其賦文鐫刻成碑。

在當年的重陽節，蘇軾負責黃樓的落成大典，在樓上擺酒設宴，徐州的百姓聚集到了黃樓下前來慶賀，追懷治水經過。對此，蘇軾興奮地寫下〈九日黃樓作〉（節選）一詩：

去年重陽不可說，南城夜半千漚發。
水穿城下作雷鳴，泥滿城頭飛雨滑。
黃花白酒無人問，日暮歸來洗靴襪。
豈知還復有今年，把盞對花容一呷。
莫嫌酒薄紅粉陋，終勝泥中事鍬鍤。
黃樓新成壁未乾，清河已落霜初殺。

之後「黃樓」也就成了徐州人民抵禦洪水的力量象徵。

此外，蘇軾還提出了「築堤防水，利在百世」的主張，帶領民眾繼續築堤「七百九十丈」。他身體力行，親自拿著鍬鍤，指揮民眾開採頑石，修築鞏固堤壩。這些用頑石修築的長堤，也終將和蘇軾的名字一樣，歷千年而不朽。

抗洪勝利的喜悅還未消退，蘇軾又迎來了他徐州任上的又一次災情。元豐元年（西元1078年）春，水災過後，徐州城內外「千里禾麻一半空」，所見之處皆是滿目瘡痍，歲入不登，百姓的生活受到了極大的影響。

本等著春來播種，恢復生產，偏又天不遂人願，這年的春天發生了「東方久旱千里赤，三月行人口生土」的旱情。

第五章　人生如寄：高歌且行

　　蘇軾因地制宜查看水源，徵集民夫，修築池塘、水庫。所喜的是，不久之後，徐州迎來了一場喜雨，旱情有了很大緩解，作物長勢喜人，百姓豐收在望，人人喜氣洋洋。

　　蘇軾看到麥收時節欣欣向榮的農村風光，滿懷深情地寫下了〈浣溪沙・徐門石潭謝雨道上作五首〉。

　　照日深紅暖見魚，連溪綠暗晚藏烏，黃童白叟聚睢盱。
　　麋鹿逢人雖未慣，猿猱聞鼓不須呼，歸家說與採桑姑。

　　旋抹紅妝看使君，三三五五棘籬門，相挨踏破茜羅裙。
　　老幼扶攜收麥社，烏鳶翔舞賽神村，道逢醉叟臥黃昏。

　　麻葉層層苘葉光，誰家煮繭一村香？隔籬嬌語絡絲娘。
　　垂白杖藜抬醉眼，捋青搗麨軟飢腸，問言豆葉幾時黃？

　　簌簌衣巾落棗花，村南村北響繰車，牛衣古柳賣黃瓜。
　　酒困路長唯欲睡，日高人渴漫思茶，敲門試問野人家。

　　軟草平莎過雨新，輕沙走馬路無塵，何時收拾耦耕身？
　　日暖桑麻光似潑，風來蒿艾氣如薰，使君元是此中人。

第三節　生命奔流不息

　　五首詩，五幅圖，描繪出了徐州鄉村自然優美的田園風光和雨後農事繁忙的動人場面：黃童白叟，閒適自樂，村姑蠶娘，勤勞樸實；官民之間，魚水之情，親密無間，無拘無束，勾畫出了一組其樂融融的「官民同樂圖」，也顯示了蘇軾關心民生、與百姓休戚與共的情懷。

　　天將降大任於斯人也，必先苦其心志，勞其筋骨，餓其體膚，空乏其身，行拂亂其所為，所以動心忍性，曾益其所不能。而徐州則正是激勵蘇軾心志、提升其能力的地方。當年，徐州的旱災稍緩，寒災又接踵而來。

　　這年的冬天，經歷了洪災、旱災之後，徐州又連降大雪，天氣異常寒冷，時常出現「君不見前年雨雪行人斷，城中居民風裂骭。濕薪半束抱衾裯，日暮敲門無處換」的場面。冬季的徐州往往薪柴奇缺且貴，百姓常常是一床被子連半捆濕柴都換不到。

　　數日嚴寒使得徐州城的很多百姓都腿腳凍裂。為抵禦嚴寒，他們只能迎風冒雪，四處奔走，爭相砍伐林木，南山栗林被破壞殆盡。

　　百姓受苦，山林被伐，這讓體恤民情、想要解民之困的蘇軾焦心不已。如何解決徐州百姓冬季燒柴困難和保護山林的問題，一直縈繞在蘇軾心頭揮之不去。

　　經過反覆考察後，他根據徐州的地理環境和已掌握的線

第五章　人生如寄：高歌且行

索，調集人力，四處尋找煤炭。經過一年的細緻勘查和不懈努力後，元豐元年（西元1078年）的十二月，終於在徐州西南的白土鎮以北位置，發現了儲量可觀、品質優良的煤礦。

於是，蘇軾帶領城中百姓有序進行煤炭挖採，極大程度上解決了徐州百姓冬季燃料問題，同時也保護了山中林木得以休養生息。百姓欣喜不已，奔走相告。看到百姓一掃之前的憂慮愁苦，民眾無憂，蘇軾也十分高興，為了記錄這一功績，他還專門寫下了〈石炭（並引）〉：「豈料山中有遺寶，磊落如萬車炭。流膏迸液無人知，陣陣腥風自吹散。根苗一發浩無際，萬人鼓舞千人看。」

讓人驚喜的是，在發現石炭的同時，蘇軾還發現了北山的鐵礦。北宋時期，邊境並不安寧，時有敵軍來犯，徐州雖是產鐵之區，但冶鐵的燃料比較困難，此次石炭的發現，也可作為冶煉鐵礦的燃料，可謂一舉兩得。

蘇軾意識到了此次發現對國防的重要性，因此在〈徐州上皇帝書〉專科門談到利國鐵礦業的發展，提出了透過煤炭作為冶鐵燃料，用於提高爐溫，以求生產出優良鋒利的武器和工具，來保家衛國。「南山栗林漸可息，北山頑礦何勞鍛。為君鑄作百鍊刀，要斬長鯨為萬段。」蘇軾的愛國情懷由此可見一斑。

由於連年災荒，盜賊猖獗，蘇軾任知州期間，各地的監

第三節　生命奔流不息

獄幾乎爆滿，獄卒虐待囚犯的情況也時有發生，監獄環境十分惡劣，囚犯吃不上飯，看不上病，時常冤死獄中。蘇軾明白百姓淪為盜賊皆是因為災荒之亂和政府的橫徵暴斂，被投進監獄後生病得不到醫治，還要受虐待而死，對此情況，他哀痛不已。

身為知州，悲天憫人的蘇軾只能盡力改善監獄的飲食和衛生條件，並派醫生去監獄為囚犯看病。

對於迫害囚犯的獄吏，蘇軾更是毫不客氣地說道：「在我朝，雖然有鞭打囚犯至死罪罰嚴重，對有病的囚犯不進行醫治而致其死亡卻不算犯法的慣例，但這些久病的犯人不給醫治導致死亡的，官員和獄卒都要為此承擔責任。犯人依然是人，為何不能及時給予食物充飢？為何不能得到醫生的照顧？如果在監獄裡餓死了或病死了，那坐牢不就與殺頭無異了嗎？」

他上疏皇帝，請求給各縣的監獄選派醫生，醫治病囚，對於那些謀害囚犯的獄吏官員也要追究其責任，加強對獄吏的管束懲辦，以此來保護因走投無路而觸犯刑律的囚徒。在這片黑暗之地，蘇軾的人道主義光明慢慢滲透了進來。

蘇軾在徐州任知州的兩年裡，勤政愛民，勤勉有為：抗洪水，抗旱災，尋石炭，醫病囚，治官吏，一心一意造福徐州百姓。

第五章 人生如寄：高歌且行

歷史從來不是一塊可以任意塗鴉的畫布，為官者造福造禍，還是碌碌無為，歷史都將會忠實地記下其行蹤。為官者官品如何，政績怎樣，最有發言權的終是百姓，而在徐州百姓心中，蘇軾則占據著沉甸甸的分量，即使千年之後，在徐州百姓心裡，依舊是「古彭州官何其多，千古懷念唯蘇公」。

第六章
萬物寂靜：讓往事隨風

第六章　萬物寂靜：讓往事隨風

第一節
心碎於烏臺

　　人生自古多曲折，世路風波險。多少人生風雨後，壯舉一場夢。生而為人，即使優秀過人也要學會適應環境，審時度勢，切莫清高自傲，一意孤行。世間之事，皆為無常，木秀於林，風必摧之；堆出於岸，流必湍之；行高於人，眾必非之。

　　對於蘇軾而言，他太優秀了，他的盛世才華和治世才能，得到掌權者欣賞的同時，也遭到了弄權者的忌憚，終究成為一把傷他的利器。

　　做徐州知州的日子，雖然連遇天災人禍，蘇軾卻憑著一己之力，給徐州百姓留下了豐富的物質財富和精神財富。蘇堤、黃樓，快哉亭、放鶴亭、東坡石床、燕子樓……

　　還有那數以百計的不朽詩篇，彙編成冊的《黃樓集》、千古大作的《放鶴亭記》……他為這座城市帶來了溫暖和榮光，這座城市也為他施展齊家治國平天下的政治才能提供了廣闊的天地。

　　正當蘇軾準備繼續在徐州大放異彩時，元豐二年（西元1079年）三月，蘇軾接到調任湖州的詔命。

第一節　心碎於烏臺

在封建社會遇到一位真心愛民如子的父母官很不容易，當彭城父老聽到蘇軾要離開的消息後，紛紛從四面八方聚集而來，扳援在蘇軾的馬前，甚至截割他的馬蹬，不願讓他走。父老鄉親捧籃獻花，洗盞呈酒，訴說著一起抗洪抗旱抗寒的情誼，為這位使君許下無限祝福。

百姓一句句感恩和祝福的話語，讓蘇軾感動不已，熱淚盈眶地寫下了那首〈江城子·別徐州〉：

天涯流落思無窮！既相逢，卻匆匆。攜手佳人，和淚折殘紅。為問東風餘幾許？春縱在，與誰同？

隋堤三月水溶溶。背歸鴻，去吳中。回首彭城，清泗與淮通。欲寄相思千點淚，流不到，楚江東。

這首詞，是蘇軾離開徐州時的揮淚絕唱。他在徐州僅兩年，又調往湖州，南北輾轉，天涯流落之感越發強烈。回憶與徐州人士交往的點點滴滴，有邂逅相逢的喜悅，有驟然分別的痛惜，有得而復失的哀怨，縱使春光仍在，而今卻要身離徐州，與誰同春？唯有別時的千點相思淚，來寄託自己對徐州風物人情的無限留戀。

暮春之時，蘇軾攜家眷前往湖州上任。途經揚州時，受到了當地太守和好友張嘉父、釋德洪的盛情招待，此外還故地重遊了平山堂。

平山堂是蘇軾的恩帥歐陽脩西元1048年在揚州任知州時

第六章　萬物寂靜：讓往事隨風

修建的，此次蘇軾重臨故地，也是他第三次過平山堂了（西元 1071 年和西元 1074 年蘇軾途經揚州，都曾到平山堂拜謁歐公）。距離最後一次拜見恩師已過去了近十年，如今恩師也已去世將近七年，睹物思人，一首〈西江月・平山堂〉從蘇軾的筆端緩緩流出：

三過平山堂下，半生彈指聲中。十年不見老仙翁，壁上龍蛇飛動。

欲弔文章太守，仍歌楊柳春風。休言萬事轉頭空，未轉頭時皆夢。

短短數句，既濃縮了蘇軾近十年間南遷北調的動盪生涯，也盡顯了蘇軾對恩師的懷念之情。近十年的人生跨度中，自己固然已蹉跎歲月，但恩師的囑託言猶在耳。

彈指之間，半生倏忽已過，此時已經四十二歲的蘇軾，在文學方面，不負恩師期望，已成為引領北宋文壇的領袖，但在仕途方面，坎坷浮沉，外放多年依舊歸期如夢，始終未能如恩師所願。

四月末，蘇軾接任湖州知州。正當蘇軾按照以往慣例開始慢慢接手工作，熟悉地方事務時，一場醞釀已久的危機已經慢慢開始逼近他。此時身處湖州的蘇軾已經很危險了，只是他尚未察覺到。

在中國的歷代王朝中，若論對文人最好的王朝，非宋朝

第一節　心碎於烏臺

莫屬。早在北宋初創伊始，開國皇帝宋太祖趙匡胤就非常尊崇文人，他堅持以文治國、崇尚儒學，不斷提拔有才學的讀書人做官，甚至在臨死之時還定下了「不得殺害讀書士子，即便是他們犯下了滔天大罪，也不能治他們死罪剝奪他們的生命」的祖宗之法。

趙匡胤之後，尊崇文人之舉也為後繼之君爭相仿效，可以說宋朝是文人的樂土，宋朝的文人言論自由也達到了前所未有的高峰。在寬鬆的從政環境下，「以天下為己任」的士大夫都懷著高度的責任感透過上疏來批評時政、指出問題所在。由此能夠參與政事的北宋文人直言進諫是常有之事，議政詩詞也層出不窮，而對於蘇軾這樣一位親歷變法傷民的文化巨匠來說，暗諷新法、議論朝政的詩詞總是隨感而發。

離京外放期間，蘇軾的文學藝術創作成就是卓越的，但個別詩句也流露出對朝政的諷刺。他嫉惡如仇，遇到不平之事總是一吐為快，這也為日後的烏臺詩案埋下了隱患。

蘇軾剛赴任杭州時，他的表兄文與可就寄詩直率地規誡他：「北客若來休問事，西湖雖好莫吟詩。」弟弟蘇轍陪他任職徐州時，走前也曾用手捂住蘇軾的嘴，要他「三緘其口」。但蘇軾並沒有把這些規勸放在心上，性情耿直天真的他哪會意識到，湖州三個月，已是山雨欲來風滿樓的時刻。

元豐二年（西元 1079 年），北宋朝堂政局發生了深刻變

第六章　萬物寂靜：讓往事隨風

化，王安石已辭去相位，由於變法引發了一系列民怨和矛盾，宋神宗的變法之心也有所動搖，皇室貴族和士大夫階層也多不看好，整個變法正在慢慢失控。而當初追隨王安石變法的很多庸官和小人，為維護自己的既得利益，防止被清算，也開始相互勾結製造禍端。以呂惠卿為首的改革派新黨一方面不斷打壓王安石，防止他再度掌權，阻擋他們上升的通道；另一方面繼續竭力排擠保守派，防止保守派重新左右朝政，而此時的保守派領袖司馬光正閉門編寫《資治通鑑》，無懈可擊，他們只得另想辦法，最後將矛頭指向了蘇軾。

蘇軾雖然一直離京在外，卻與眾多保守派菁英聯繫密切，且又向來就愛發表一些嘲諷時政的詩詞文章，儼然保守派的發言人，於是，改革派處心積慮地策劃了這起斬首行動——烏臺詩案，目的就是從蘇軾開始，徹底將保守派剷除殆盡。

上任湖州後，蘇軾循例作〈湖州謝上表〉，向朝廷表示謝意，這本只是例行公事，略敘為臣過去無政績可言，再敘皇恩浩蕩，而筆端常帶感情的蘇軾，表末了還要加上個人色彩，「知其愚不適時，難以追陪新進；察其老不生事，或能牧養小民」。蘇軾筆下的「新進」，指的是王安石變法時被引進的一批投機鑽營的群小，「生事」一詞，已成為保守派攻擊變法派的習慣用語。

第一節　心碎於烏臺

這自然刺痛那些仍然竊據高位、謀取私利的小人。第一個站出來檢舉蘇軾的是御史里行何正臣，緊接著是李定、舒亶等人。他們百般構陷，說蘇軾「愚弄朝廷、妄自尊大、銜怨懷怒、指斥乘輿、包藏禍心、對皇帝不忠」，條條都可以將蘇軾置於死地。

由此拉開了這場宋朝文字獄的序幕，之後這群新黨小人更是變本加厲。

西元1070年至西元1079年這九年間是蘇軾創作高峰時期，其中難免激憤不平之氣，也有隱含譏諷新政之處。於是他們不斷蒐集蘇軾創作的詩詞文集，並從中找出個別句子，曲意歪解，斷章取義，並給予定罪。

例如歪曲蘇軾的《杭州紀事詩》，說是「玩弄朝廷，譏嘲國家大事」；蘇軾寫的「讀書萬卷不讀律，致君堯舜知無術」本意是說自己沒有把書讀通，所以無法幫助皇帝成為像堯、舜那樣的聖人，他們卻指蘇軾是諷刺皇帝沒能力教導、監督官吏；「東海若知明主意，應教斥鹵變桑田」被歪解成蘇軾指責興修水利的這項措施不對；「豈是聞韶解忘味，邇來三月食無鹽」說他是諷刺神宗禁止人民賣鹽……他們無所不用其極，羅列的樁樁件件，都是要把蘇軾推向死亡的邊緣。

新黨人以「作為詩文訕謗朝政及中外臣僚，無所畏憚」不斷彈劾蘇軾，宋神宗被逼無奈，只得降旨將蘇軾交御史臺，

第六章　萬物寂靜：讓往事隨風

由李定為首的「根勘所」負責審理。

元豐二年（西元 1079 年）七月，李定等人奉旨查辦，立即派太常博士皇甫僎帶人前往湖州逮捕蘇軾，罪名是作詩諷刺朝廷。

見到皇甫僎之前，蘇軾已收到蘇轍的來信，雖然已經和家人燒掉了一部分與他人來往的詩集書信，但心中還是害怕的。

面對來抓自己的悍卒，蘇軾大驚失色，問身邊的人是不是該把官服脫掉，皇甫僎則告之罪名未定，暫時不用。蘇軾看對方來者不善，又請求先與家屬告別。蘇軾夫人送夫至門，泣不成聲，扯著他不肯放手。

蘇軾強顏歡笑地回頭說道：「夫人切莫傷心，你能否也學下楊樸的妻子，作首詩送我可好？」

夫人忍不住笑出聲來，蘇軾這才得以脫身。這是蘇軾常在家中與夫人講的趣事。楊樸是真宗時的隱士，被迫入京見駕，真宗問他：「卿臨行時可有人贈詩否？」楊樸說：「只有臣妻作詩一首：『更休落拓耽杯酒，且莫猖狂愛詠詩，如今捉將官裡去，這回斷送老頭皮。』」生性豁達的蘇軾，即使大難臨頭也不忘幽默一把。

八月十八日，蘇軾被押解到京城，投入到御史臺監獄。主審人御史中丞李定曾與蘇軾結下私怨，此次更是伺機報復。

第一節　心碎於烏臺

當初李定因生母死未服喪，受到眾人鄙視，司馬光罵他「禽獸不如」，蘇軾亦寫文譏諷他的不孝行為和惡劣品性，雖然經事後查證，李定確實有所冤枉，但李定作為變法的堅定支持者，對於反對變法的人來說他們並不在乎李定是否被冤枉，只需要將罪名安給李定，打擊變法派即可。

當時的蘇軾並不知道事情的真相，但作為文壇領袖，他的這篇文章影響巨大，幾乎直接斷送了李定的政治生命，最後在王安石的力保之下，李定才得以脫逃。在儒家文化為尊的宋朝，自古忠孝一體，不孝之人，如何盡忠？

有時候，殺死一個人並不需要取他的性命，只要奪走他的夢想即可。因此，事隔多年，李定始終未忘心頭之恨。

且蘇軾在徐州任職時，李定的兒子慕名前來拜訪，蘇軾循慣例宴請了他，讓李定的兒子誤以為蘇軾很喜歡他，因而起身求推薦信。蘇軾佯裝答應，之後又與他人閒談其他事情，而李定兒子一直呆站在一邊。

突然間蘇軾問他：「相面之人有言，唇長一寸便可長命百歲，可有此一說？」李定兒子怔了一下回答道：「未聽說。」蘇軾笑道：「果如此言，彭祖好一個呆長漢！」李定兒子聽後慚愧而逃。此前的種種恩怨，都為蘇軾接下來一連數日的「根勘」審理、受盡非人折磨埋下了禍根。

在御史臺，蘇軾被單獨關在了一個陰暗狹窄的地方，幾

第六章　萬物寂靜：讓往事隨風

乎是伸手投足間就要撞上牆壁，腳下的地還不如一床蓆子大，頭上只開了一扇天窗，每日只能蜷縮著休息。如果說惡劣的環境已讓蘇軾苦不堪言，那麼接下來的精神折磨更是讓蘇軾生不如死。

李定等人拿著蒐集到的詩詞及和親友王詵、蘇轍、范鎮、張方平、李常等人來往的書信，揪著蘇軾一條條地問，中間還夾雜著辱罵、毆打，晝夜逼供，真是「詬辱通宵不忍聞」，但蘇軾畢竟不是一般犯人，他們不敢危及其性命，縱使用盡手段，也未能讓蘇軾完全認罪。

最後，無計可施的李定等人強加給蘇軾「四大罪狀」：「一是被貶而不知悔改；二是語言狂悖，不遵祖宗訓誡；三是鼓動輿論，不服宋神宗的命令；四是詆毀宋神宗，煽動天下人變法。」所以當論大罪，處以極刑，請求宋神宗處死蘇軾。

此時，已在監獄經受百般煎熬的蘇軾，內心已十分脆弱，一日數驚。

在等待最後判決的日子裡，兒子蘇邁每天去監獄為他送飯。父子二人暗中約定：平時只送蔬菜和肉食，如果有死刑判決的壞消息，就改送魚，以便心裡早做準備。

一日，蘇邁因銀錢用盡，須出京去借，便將為蘇軾送飯一事委託親戚代勞，卻忘記告訴親戚暗中約定之事。偏巧親戚那天送飯時，為蘇軾送去了一條燻魚。蘇軾一見大驚，以

第一節　心碎於烏臺

為自己凶多吉少，心境更是跌入谷底，於是給蘇轍寫下兩首訣別詩〈獄中寄子由二首〉：

其一：

聖主如天萬物春，小臣愚暗自亡身。百年未滿先償債，十口無歸更累人。是處青山可藏骨，他年夜雨獨傷神。與君世世為兄弟，更結來生未了因。

其二：

柏臺霜氣夜淒淒，風動琅璫月向低。夢繞雲山心似鹿，魂飛湯火命如雞。眼中犀角真吾子，身後牛衣愧老妻。百歲神遊定何處，桐鄉知葬浙江西。

蘇軾料到獄吏不敢私傳信件，因此也想借助此詩向神宗求情。這兩首詩是蘇軾在獄中的「絕命詩」，出自肺腑，無暇雕琢，而自有感人的力量。

詩作完成後，獄吏按照規矩，將詩篇呈交神宗皇帝。宋神宗本就欣賞蘇軾的才華，並沒有將其處死的意思，只是想藉此挫挫蘇軾的銳氣。讀到蘇軾的這兩首絕命詩，也十分感動。

就在新黨人步步緊逼之時，朝堂之上救援蘇軾的行動也迅速展開了。弟弟蘇轍自蘇軾入獄後就連連上表神宗，奏請朝廷赦免兄長，自己願意捨棄一切官位為兄長贖罪。

已退休在家的張方平也寫下親筆信，派兒子張恕連夜進

第六章　萬物寂靜：讓往事隨風

京營救。丞相吳充也向神宗直言：「陛下認為曹操如何？」神宗說：「曹操沒什麼好說的。」吳充又說：「陛下以堯舜為榜樣，自然看不起曹操。曹操猜忌心極重，但還能容忍禰衡這樣的狂人。陛下難道還不能容忍蘇軾嗎？」神宗聽後有所觸動，連忙解釋道：「我沒有別的意思，讓蘇軾下獄只是想辨明是非，還是準備放他走的。」

不但與蘇軾政見相同的許多元老重臣紛紛上疏，連一些變法派的有識之士也勸諫神宗不要殺蘇軾。

變法派章惇為了營救蘇軾，不惜與宰相王珪翻臉；王安石的弟弟王安禮也替蘇軾說話，他給神宗上奏：「自古以來，大度的賢君都不會因為臣子說事而殺人，現在陛下要殺蘇軾，天下人會以為您容不下人才。」

神宗嘆了口氣說：「我也不想深究，準備赦免蘇軾，但你不要聲張，免得那些言官彈劾你。」但神宗始終未下定決心釋放蘇軾。

恰在此時，出現了烏臺詩案中最大的轉機，一是罷相閒居金陵的王安石聞說此事後上疏勸誡神宗：安有盛世而殺才士乎？王安石從宋神宗角度出發，這是盛世，神宗是聖君，絕不能做殺戮人才之事，不然會敗壞名聲，基本點醒了神宗；二是神宗的祖母的意見，那時她已病重，看到神宗整日愁眉不展，明白是蘇軾之事亂了神宗心神，因此對神宗說道：「仁

第一節　心碎於烏臺

宗皇帝在世時，常以科舉納入蘇軾、蘇轍兩兄弟頗感欣慰，以為『吾為子孫得兩宰相』，聽說蘇軾因詩下獄，估計是被小人惡意中傷所致，不會有大過錯。我現在已經病了，就不要再製造冤獄，傷了我的福氣。」說完流下淚來。

神宗很孝順祖母，聽她這麼說，趕緊回答：「我要大赦天下，為祖母祈福。」太皇太后搖了搖頭說：「不須赦天下凶惡，放蘇軾一人足矣。」由此，正好給了神宗一個釋放蘇軾的臺階和理由。

在眾人的營救下，外加北宋「不得殺士大夫及上書言事人」的國策，最終蘇軾在烏臺監獄被關押了一百零三天後，於元豐二年（西元1079年）十二月獲釋出獄。

烏臺詩案後蘇軾被貶為黃州團練副使，其他被牽連人員如駙馬王詵被削除一切官爵；王鞏被發配西北；蘇轍雖未受到嚴重的譏謗，但因連帶關係，仍遭受降職處分，被調到高安，任筠州酒監；張方平、司馬光和范鎮等人也都被處以罰金。這場牽連蘇軾三十九位親友、一百多首詩的大案就這樣落下了帷幕。

第六章　萬物寂靜：讓往事隨風

第二節
離風近一點

經歷了烏臺詩案後，蘇軾彷彿歷經一夢。作為政治家的蘇軾在這場政治鬥爭中幾乎跌入谷底。

元豐二年（西元 1079 年）除夕前夜，蘇軾從烏臺監獄被放了出來，陰冷的天空夾雜著片片雪花，當雪花飄落在蘇軾身上時，他恍然間感受到了重生的自由和力量。

入獄百日，恍若隔世，感慨之餘他作了〈十二月二十八日，蒙恩責授檢校水部員外郎黃州團練副使，復用前韻二首〉：

其一：

百日歸期恰及春，餘年樂事最關身。
出門便旋風吹面，走馬聯翩鵲啅人。
卻對酒杯疑似夢，試拈詩筆已如神。
此災何必深追咎，竊祿從來豈有因。

其二：

平生文字為吾累，此去聲名不厭低。
塞上縱歸他日馬，城東不鬥少年雞。

第二節　離風近一點

休官彭澤貧無酒，隱幾維摩病有妻。

堪笑睢陽老從事，為余投檄向江西。

從這兩首詩中，著實能看出蘇軾個性的曠達，對種種牢獄之苦，出門後幾乎馬上忘卻。對身後那些卑鄙險惡小人，他也能置之不理，不去探討因果。

歷經此事，他明白自己名聲太大，官位太高，涉政太深，內心已不敢再越雷池，只願求得安穩，度過餘生。也許正是因為有了這個覺悟，蘇軾才能在嚴酷的審訊中保全自己，歷盡磨難卻終得解脫。

這場牢獄之災讓蘇軾對政壇惡鬥心灰意冷，開始反思自己的文字理想和政治抱負。烏臺詩案之前，蘇軾是一個銳意進取的豪邁志士，他熱衷仕途，充滿正氣且非常凌厲，想要在政壇上有所作為，積極參與朝政的種種紛爭，喜歡針砭時弊，打得小人顯形、帝王心驚，即使懷才不遇，他也一直懷揣著「致君堯舜上，再使風俗淳」的渴望和夢想。

烏臺詩案之後，蘇軾對「言多必失」四個字深有體會，他不再恣意瀟灑，為了防止詩文招罪，盡量不寫詩文；為了提防政敵再尋事端，盡量不與人往來，甚至為了避免會見生疏之人，多次稱病謝客，至於仕途，他也一度陷入絕望，悲嘆「聖主如天萬物春，小臣愚闇自亡身」。

元豐三年（西元 1080 年）正月初一，春寒尚未退卻，汴

第六章　萬物寂靜：讓往事隨風

京城裡張燈結綵，爆竹喧天，當千家萬戶都在喜迎春節的時候，蘇軾在兒子蘇邁的陪伴下，在漫天風雪中跌跌蹌蹌踏上了前往黃州的路。

黃州雖遠，卻給了蘇軾重新定義自己的機會。前路迷茫，蘇軾不知道等待自己的將是怎樣的命運，他也不會想到，天高地遠的黃州，將成為他人生的轉折之地，從此他不再只是為國為民的蘇學士，更是一位偉大的文學家東坡居士。

蘇軾和兒子在路上整整走了一個月，終於在二月初一到達了黃州。雖然神宗下旨「責授蘇軾為檢校尚書、水部員外郎，充黃州團練副使，本州安置，不得僉書公事」，名義上蘇軾仍為官員，但實際上團練副使在北宋時期時常用來安置貶降官員，其實就是被扔到地方上監視居住。

因此，剛到黃州之時，按例官府是不給蘇軾提供居住之所的，父子二人連落腳之地都沒有。

多虧當時定慧院（在宋朝黃州城東門）的方丈施以援手，將院中一間無人居住的小屋暫借蘇軾父子，才讓初到黃州的父子二人有安身之所。蘇軾雖人已遠離京師，但此前的餘驚尚未退去。

在寺院暫居的日子裡，他經常閉門不出，謝絕來客，生活十分寂寞。被貶黃州之後，平生親友，無一人來信，即使蘇軾寫信給他們，也收不到任何回覆。他時常深夜從夢中驚

第二節　離風近一點

醒，在徹骨的孤寂中，蘇軾寫下了一首〈卜運算元・黃州定慧院寓居作〉：

　　缺月掛疏桐，漏斷人初靜。時見幽人獨往來，飄渺孤鴻影。

　　驚起卻回頭，有恨無人省。揀盡寒枝不肯棲，寂寞沙洲冷。

這首詞，蘇軾借月夜孤鴻這一形象託物寓懷，抒發了他初來黃州時的孤高、悽清、寂寞的情緒，表達了他孤高自許、蔑視流俗的心境，亦是他貶謫生活中的苦悶、孤獨心理的寫照。

毗鄰定慧寺的是安國寺，在定慧寺的日子裡，蘇軾能清楚地聽到安國寺傳來的晨鐘暮鼓，於是蘇軾走進了安國寺，此後每隔一兩天，蘇軾就去安國寺焚香沐浴、靜坐參禪，藉以深自省察，兼以洗榮辱。

他對生命有了深刻的觀照和反省，面對逆境，他變得更加坦然，沒有了剛來時的焦慮和無助。他開始在自然中發現美，在逆境中尋求生活的樂趣。在寺院的日子裡，蘇軾父子每日隨僧蔬食，飲食甚為清淡。

但蘇軾這張嘴，除了能言之外，還很會吃。在三面環江的黃州，蘇軾嗅到了魚鮮筍香，「長江繞郭知魚美，好竹連山覺筍香」成了蘇軾對未來生活的憧憬，他漸悟到自己要去適

第六章　萬物寂靜：讓往事隨風

應環境，而不是被環境所吞噬。

然而，正當蘇軾一點點地擺脫內心的困惑時，生活的困境卻對他步步緊逼。

元豐三年（西元 1080 年）四月末，弟弟蘇轍在上任筠州之前將蘇軾一家老小二十餘口安全地護送到了黃州。人口眾多，自是不能再借居在定慧寺了，當時十分景仰蘇軾的黃州太守陳君式為人正直、寬宏大量，不懼蘇軾受貶，對蘇軾加以特殊照顧，於是把蘇軾一家安頓到長江岸邊的一個廢棄的官府驛站臨皋亭，作為暫居之地。

為表示對陳太守優待的感激以及暫有所居的確幸，蘇軾寫下了〈遷居臨皋亭〉（節選）：

歸田不待老，勇決凡幾個。

幸茲廢棄餘，疲馬解鞍馱。

全家占江驛，絕境天為破。

臨皋亭雖略顯破舊，但三面環水，數步之下，便是長江，且水源大半是流自岷山與峨眉山上的雪水，清澈甘冽，蘇軾一家飲食沐浴均來此取水，生活還算便利。

不需要簽署公事，蘇軾也樂得自由。遷居臨皋亭後，他時常倚欄觀江，欣賞江天景物，若遇到晨風暮雨，更有一番奇妙的景緻。

一個暮春夕陽斜照的傍晚，當蘇軾與家人坐在江邊的亭

第二節　離風近一點

內賞景小酌時，遇上了短暫的春雨，瞬間水天一色，東風驟起，綠影搖曳，蘇軾看到這開闊壯麗的景色，即興作下〈南鄉子‧黃州臨皋亭作〉：

晚景落瓊杯，照眼雲山翠作堆。認得岷峨春雪浪，初來，萬頃蒲萄漲淥醅。

春雨暗陽臺，亂灑歌樓溼粉腮。一陣東風來捲地，吹回，落照江天一半開。

全詞以「春情」為題，視野開闊，跌宕迴環。它不僅描繪了美麗的自然風光，還渲染了嶄新的生活色彩，說明此時的蘇軾已不似初到時的孤獨徬徨了，他慢慢融入到了黃州的生活之中，隨緣自適。

生活不僅要有詩和遠方，也要過好眼前的苟且。即便是一身詩意的蘇軾也終要承擔起養活一家子的重擔。黃州地處長江中游北岸，山清水秀，風景如畫，但在北宋時還屬於偏遠落後之地。

蘇軾雖帶著黃州團練副使的官職去的，但實質上卻是黃州官府代為看管的犯官。按照朝廷的規定，貶謫的犯官只有一份微薄的實物配給，沒有正常的俸祿薪水。

他在給章惇的書信中曾這樣寫道：「黃州僻陋多雨，氣象昏昏也。魚稻薪炭頗賤，甚與窮者相宜。然軾平生未嘗作活計，子厚所知之，俸入所得，隨手輒盡。」

第六章　萬物寂靜：讓往事隨風

　　但面對經濟窘境，蘇軾並沒有去尋求親友的施捨和相贈，畢竟因為烏臺詩案的牽累，關係密切的親友都受到了不同程度上的經濟處罰。他只能另想辦法。首先要縮減生活開支，不然花銷真成了問題。為了用有限的積蓄把日子過下去，蘇軾只能量入為出。

　　他將妻子離京前變賣的家產換成了銅錢，每月初取出四千五百錢分成三十份，每份一串分掛在住所屋梁的三十顆鐵釘上，每天早上用畫叉挑下一串做當天的生活費。每天只有一百五十錢，多虧黃州還比較窮苦，物價相對來說也低很多，當時米價約二十錢一斗，蘇軾一家日用米約二斗，每天需要米錢約三四十錢，剩下一百餘錢用來買菜買魚買肉。如果當天還有用不完的錢，就用竹筒存起來，以備不時之需或招待賓客。

　　但家中所剩錢財畢竟有限，如果沒有收入，支撐不了太長時間。所以在節流的同時，必須想辦法開源。

　　而也就在此時，蘇軾的一個超級崇拜者馬正卿的到來，為他解了困局。當得知蘇軾以戴罪之身被貶黃州後，馬正卿不辭辛苦千里迢迢地前來探望他。看到蘇軾家眷眾多，糧食費用緊缺，他就出面找到繼任黃州太守的徐君猷，向其說明了蘇軾面臨的窘境，家庭困難，能否給他申請一塊無主之地種種東西。

第二節　離風近一點

　　徐君猷也十分敬重蘇軾的才華，當即就爽快答應下來，將黃州城內東緩坡上一塊廢棄的軍營房劃給蘇軾無償使用。

　　馬正卿向官府請領的這塊地，讓蘇軾一見傾心。這本是一塊無名之地，因為它位於城東，蘇軾便以「東坡」命名，自號「東坡居士」。

　　「東坡」之名的靈感來源於白居易。白居易在四川忠州任刺史時，也是在東門之外有一塊緩坡，於是就在城東緩坡上種花栽樹，感嘆今生，稱該地為東坡。蘇軾仰慕白居易的詩文人品，感慨自己的坎坷經歷，於是也將這塊田園戲稱為「東坡」。

　　剛到東坡時，這片荒地上布滿了荊棘瓦礫，雜草叢生，蘇軾不得不帶領全家老小開始墾荒之路。他首先燒掉了枯草，火在荒原上熊熊燃燒起來，荒地上竟然露出一口暗井，那是來自上天的恩賜，灌溉的問題迎刃而解；接著他又和家人在燒完的荒地上清除瓦礫，刈割荊棘，深挖細整，終於整理出了五十畝田園。

　　但剛墾出來的荒地還十分貧瘠，蘇軾只能先聽從鄰里老農的建議，種上大麥，因為大麥對土地的墒情要求不高。躬耕於農田之中，蘇軾買了一頭黃牛，還有鋤頭、鐮刀之類的農具，這是他轉身農民的筆墨紙硯，只是這一次不是為了審美，而是為了生存。

第六章 萬物寂靜：讓往事隨風

當地的農民對蘇軾都懷有極大的善意，當蘇軾在田裡勞作時，一個農夫跑過來告訴他：「你這塊地要想豐收哇，可得讓牛羊啃一啃麥苗哇，不然麥苗長得太好，就會把地裡的肥力拔沒了，來年你這莊稼可就長不好嘍。今年哪就得讓牛吃牛踩，把苗壓下去。」

蘇軾聽後深以為然，就按照老農的話做了，果然如老農所說，第二年豐收時節，自家的田野上是長勢喜人的待收果實，成熟的大麥黃澄澄地映入滿眼，景象十分誘人。辛勤勞作，在這片曾經瓦礫密布的荒野之上，蘇軾迎來了麥穗金黃的季節，欣喜寫下了〈東坡八首（其五）〉：

良農惜地力，幸此十年荒。
桑柘未及成，一麥庶可望。
投種未逾月，覆塊已蒼蒼。
農夫告我言，勿使苗葉昌。
君欲富餅餌，要須縱牛羊。
再拜謝苦言，得飽不敢忘。

首戰告捷的蘇軾信心倍增，之後更是一邊查閱農書，一邊請教當地農民，全身心地投入到了農業生產中。養好土地墒情後，他開始因地制宜種植一些蔬菜瓜果自用，「春食苗，夏食葉，秋食果，冬食根」，幾經勞作，蘇軾一家終於在生活上能夠自給自足了。

第二節　離風近一點

雖然生活上的困頓得以解決了，但精神上的寂寞依舊還在。畢竟烏臺詩案帶來的打擊還沒有從蘇軾的心中淡化，而黃州也還沒有成為蘇軾新的精神家園。

鑑於混跡官場的諸多教訓，蘇軾到達黃州之後，不接人事，少作詩文，與親友也甚少通訊往來。即使有和親友通訊以及贈和詩文時，他也唯恐「言語之間，人情難測」，總是一再叮囑對方「勿以示人」、「深藏不出」，生怕「好事者巧以醞釀，便生出無窮事也」。

他的「多難畏人」，讓他遠遠避開了他所深愛的親友學生，以免連累他人，且數月以來也極少有人登門造訪。

日子就這樣一天一天地過去了，轉眼間，到了中秋佳節。

但除了長子蘇邁外，其他故友良知卻無一人能夠共聚把酒言歡。蘇軾一人獨坐廊邊，已是深秋時分，一陣秋風吹來，樹葉零落，在迴廊上沙沙作響，夜涼如水，月色清冷。身在異鄉的蘇軾獨自把盞，回憶過往，歷歷在目，又似一場虛無的夢，在清寒孤燈下，一首〈西江月·世事一場大夢〉傾瀉而出：

世事一場大夢，人生幾度秋涼。夜來風葉已鳴廊，看取眉頭鬢上。

酒賤常愁客少，月明多被雲妨。中秋誰與共孤光，把盞悽然北望。

第六章　萬物寂靜：讓往事隨風

　　這是蘇軾被貶黃州後過的第一個中秋，此時的蘇軾已人到中年，須臾半生，人生短促，壯志難酬。此時所處的境遇，只能讓蘇軾感世道之險惡，悲人生之寥落。

　　即使對小人當道憤懣不已，對國家大事殫精竭慮，對朝廷抱有希望，那又能如何，到頭來也不過幾度秋涼。

　　跟隨父親一路走來的蘇邁，此刻也能體會到父親內心的悲涼。看著獨飲神傷的父親，他默默地從屋內拿出了一件長衫，走到父親身後，幫父親披上。

　　他雙手扶著父親的肩，看著父親頭上漸生的白髮，內心也悽苦不已。這雙肩曾擔起了為民請命的重任，如今卻變得如此單薄，自己的父親為百姓所愛戴，卻被朝廷所不容，一場烏臺詩案，差點生離死別。經歷了種種，蘇邁也體會到了世事艱難，人心險惡，世態炎涼，他也明白父親內心難耐的孤寂落寞和不被世人理解的苦痛淒涼。面對現狀，年輕的蘇邁也無能為力，他現在能做的就是照顧好父親，讓父親不再有任何閃失。

　　他轉身走上前，扶著父親說道：「夜涼了，父親也早些回屋吧。您若受了風寒，兒子和母親還有弟弟們都會擔憂的。」

　　微醺的蘇軾知道兒子的擔心，這些年來，因為自己的一貶再貶，兒子也沒少跟著擔驚受怕，特別是這次的烏臺詩案，也讓兒子數日之內經歷了大起大落，內心深處對兒子終

第二節　離風近一點

覺愧疚。

　　他拉住蘇邁的手，緩緩說道：「邁兒，為父這麼多年，恣意妄為慣了，禍從口出的事情也做過太多，但江山易改本性難移，不知哪一天因為這張嘴，我又會再遭大難。你們要以我為戒，謹言慎行。我被聰明誤了一生，只願你們無災無難到公卿。」

　　蘇邁明白父親的苦心，但此時的他早已將榮辱看淡，於是寬慰父親不要再多慮了。蘇軾知道自己的兒子性格方面更像他的生母王弗一些，為人處世方面機敏沉穩、理性鎮靜，不似自己心無城府，張揚外露，總是招致災禍，但拳拳愛子之心還是讓蘇軾忍不住對蘇邁語重心長起來。

　　聽完兒子之言，蘇軾也安心了不少，於是在蘇邁的攙扶下，父子二人一起回屋休息去了。

　　謫居黃州的這幾個月，蘇軾的精神上還是帶有一種落寞的失意，即便在黃州生活的後期，蘇軾的心境發生了巨大變化，但這種變化也並非一蹴而就的。

　　世事的風雨滄桑，草木的萬千變化，在黃州都被收納進了蘇軾的生命裡。假若他不曾遇上「烏臺詩案」，假若他不曾躬耕東坡，心境必然大大不同。不經歷那些痛苦與折磨，他不會知道「也無風雨也無晴」，竟是讓人喜悅！

第六章　萬物寂靜：讓往事隨風

第三節
笑罵由人，苦中作樂

　　大概是經歷過由死到生的轉變，或許也是看破了人生，蘇軾反而豁達起來，學會了苦中作樂，從他那首〈臨皋閒題〉便知一二。「臨皋亭下八十數步，便是大江，其半是峨眉雪水，吾飲食沐浴皆取焉，何必歸鄉哉。江山風月，本無常主，閒者便是主人。聞范子豐新第園池，與此孰勝？所不如者，上無兩稅及助役錢耳。」

　　臨皋亭八十步外，便是大江一條，濤聲拍岸，奏出來美妙的樂章。此江中之水，半數是峨眉山中之雪融化而成，蘇軾一日三餐，沐浴洗衣，餵馬澆菜，皆是取其江中之水。蘇軾本是四川人，雖身處黃州，卻用上了故鄉之水，便解了他的思鄉之情，又何必非要回到故鄉呢？江山風月，本無常主，他這閒下來的人，便去做它的主人吧。聽說他的親家范子豐新建府邸家園，不知道與他相比，誰更加快活呢？這自然是蘇軾處處勝之，不如他的，大概唯有他不用繳稅罷了。

　　此時黃州的豬肉較為便宜，蘇軾一家還是吃得起，可天天吃豬肉，也是膩人得很。於是蘇軾便想方設法，變著花樣煮豬肉，於是流傳至今的「東坡肉」就此誕生。鄰居們心好，

第三節　笑罵由人，苦中作樂

時常給蘇軾送來點心酒水，蘇軾文人習氣頓起，直接給點心取名為「為甚酥」，為酒命名為「錯著水」。生活雖然苦，但還是得有顆有趣的心。畢竟順風順水的人生千篇一律，有趣的靈魂萬裡挑一。

閒暇時分，蘇軾乘舟渡江，找尋好友王齊愈（字文甫）、王齊萬兄弟，詩文合唱，把酒言歡。同是天涯淪落人，三人皆是仕途坎坷，同病相憐，自然有聊不盡、道不完的話。有時候，落寞文人的抱團取暖，碰撞出的火花，也是別有一番風味。有時一連幾日，風濤阻攔，無法渡江，王家兄弟便殺雞炊黍，熱情款待蘇軾。有酒有兄弟，足以慰風塵了。

王齊愈的兒子王禹錫是蘇軾書法的粉絲，有事沒事，便要請蘇軾揮毫。蘇軾來者不拒，端起手中筆，才如泉湧，下筆有神，片刻便將一篇短文寫好。

王十六秀才禹錫，好蓄餘書，相從三年，得兩牛腰。既入太學，重不可致，乃留文甫許分遺，然緘鎖牢甚。文甫云：「相與有瓜葛，那得爾耶？」

王文甫在車湖有處書齋，名為「達軒」，內藏古舊圖書無數。蘇軾每次來到車湖，必然要進入「達軒」讀書靜心，寫字作畫，抒發心情。以下這篇書評，便是蘇軾在達軒所作：「唐末五代文章卑陋，字畫隨之。楊公凝式筆為雄，往往與顏、柳相上下，甚可怪也。今世多稱李建中、宋宣獻。此二人

第六章　萬物寂靜：讓往事隨風

書，僕所不曉。宋寒而李俗，殆是浪得名。唯近日蔡君謨，天資既高，而學亦至，當為本朝第一。」

蘇軾指點江山，書齋論英雄，當真豪氣干雲。

一日，好友僧人清悟來到黃州探望蘇軾。蘇軾心中歡喜，拉著好友過江找王齊愈兄弟，一同泛舟遊車湖。酒過三巡，氣氛起來後，王齊愈聊到自己曾花了五千錢，買得陳歸聖的篆書一張以及兩塊端硯。蘇軾聽完，呵呵一笑，你這擺明了是買貴了，就那點東西，也值五千錢？於是當下開口，提出自己每天寫一兩張篆書，找王齊愈典當三百文即可。

王齊愈欣然答應，隨後看了清悟一眼，不約而同地笑了起來。蘇軾眼見可以賺錢補貼家用，微微一笑，趁熱打鐵要與王齊愈立下字據，於是寫了一篇文，以戲此事：

王文甫好典買古書畫諸物。今日自言典兩端硯及陳歸聖篆字，用錢五千。余請攀歸聖例，每日持一兩紙，只典三百文。文甫言：「甚善。」川僧清悟在旁知狀。

文人愛飲，自古皆是，大文豪蘇軾也不例外。一日，蘇軾酒蟲上腦，順著酒香，橫江尋友，來到了王文甫的家中。好友拜訪，當浮幾大白。王文甫亦是豪爽之人，當下拿出自己釀造的美酒，款待好友。

酒氣飄香，清風爽面，知己在側，蘇軾心情大好，大醉。杯酒醉人，清風醉人，翠葉醉人，萬物皆醉人。此情此

第三節　笑罵由人，苦中作樂

景，倘若不賦詞一首，當真浪費。於是乎，蘇軾抬腿邁步，撫鬚凝神，沉吟片刻後，他提筆揮墨，洋洋灑灑寫下了〈定風波·雨洗娟娟嫩葉光〉：

雨洗娟娟嫩葉光，風吹細細綠筠香。秀色亂侵書帙晚，簾捲，清陰微過酒尊涼。

人畫竹身肥擁腫，何用？先生落筆勝蕭郎。記得小軒岑寂夜，廊下，月和疏影上東牆。

王文甫家境殷實，可總是去王府蹭酒喝也不妥呀，蘇軾好歹也是一代文豪，這點人情世故還是懂的。酒癮難耐的時候，蘇軾就會去另外一個聚餐喝酒的大本營──樊口的潘丙酒家。

蘇軾乘舟下樊口，輕車熟路，來到潘丙酒家門口。看到隨風擺動的旌旗，聞著美酒的香味，蘇軾不由得心情大好，思緒不知不覺回到了剛來黃州的時候。

初來黃州，熟人並不多，蘇軾官場失意，心情自然不太好，也無人可訴說心中愁苦。一日，幾位潘姓客人帶著鮮魚，拎著美酒，前來拜見蘇軾。有朋自遠方來，不亦樂乎。蘇軾性豪爽，喜交朋，當下便與潘家兄弟熟絡起來。

仔細探聽後，方知其中一人，名叫潘丙，也曾是讀書人，只是屢科不中，止於解元。於是他便在樊口開了酒坊，僱了幾個夥計照看，自己則常年來往於樊口與黃州之間。潘

第六章　萬物寂靜：讓往事隨風

丙得知蘇軾被貶來到黃州，傾慕其才名，是故前來拜訪，欲一睹蘇軾風采。

蘇軾眼見潘丙亦是至情至性之人，端起酒杯，便與之痛飲。隨後又與之談論詩詞歌賦，潘丙胸有墨水，對答如流。蘇軾欣喜萬分，酒逢知己飲，詩向會人吟，說的正是如此。從那以後，二人成為知己好友。閒暇時分，蘇軾便會渡江至樊口，來到潘丙酒家，與潘丙把酒賦詩，談風誦月。

蘇軾邁步進入酒家，明眼小二熟稔地領著他去到雅座，然後恭敬地端上他喜歡的美酒與下酒菜。不多一會兒，潘丙便笑著趕了過來，一如既往地與蘇軾推杯交心。快樂的時光，總是消逝得太快，不知不覺，已是夜幕，蘇軾便留宿在酒坊之中。

午夜時刻，江風吹拂，蘇軾酒醒了大半，翻身而立，下意識地望出窗外。但見月色朦朧，遙掛中天，江上漁火，忽明忽暗。蘇軾默然想起了十多年前，他初到樊口的情景。

那一年，蘇軾58歲的父親蘇洵在京師開封病逝，留下了未完成的《易傳》，以及悲傷的蘇家兄弟。父親病逝的前一年，蘇軾27歲的愛妻王弗便拋下了他，獨自離開了這個世界。按照慣例，蘇軾准假回鄉守制。於是他和弟弟蘇轍一道扶柩回鄉，安葬亡父與亡妻。他們一行人從開封出發，由汴水入淮河、長江，再溯江而上，來到武昌樊口，落帆歇腳。

第三節　笑罵由人，苦中作樂

　　這是蘇軾第一次來到樊口，利用停帆休息的機會，兩兄弟遊覽了樊口附近的風景，領略了長江與樊水交會處的奇景，也欣賞了其他的樊口人文景觀。

　　想不到轉眼已經過了十多年，物是人非，樊口還是那個樊口，蘇軾卻不是當年的蘇軾了。歲月在他的臉上打磨出了不一樣的光芒，他也被貶到與之不遠的黃州，弟弟蘇轍與他也是天南海北，各處一方。想到此處，蘇軾不由得嘆了一口氣。月亮之所以朦朧，是不是也因為寂寞，所以在擦拭自己的眼淚呢？

　　時間是打敗苦難的一味藥劑，或許是逐漸習慣了遠離高位的日子，蘇軾的心中已經逐漸平淡起來，淡然處世，淡然看物，笑看花開花落，淡看雲捲雲舒。

　　就像他的妾室朝雲評價的：「先生現在真的是別作經畫，水到渠成，不須預慮。以此胸中都無一事了。」此刻的蘇軾，心中無塵，天下無物可擾其心境。榮華富貴，揚名天下，高官厚祿，又算得上什麼呢？

　　百年之後，莫不是一堆黃土，二尺小坡。一切不過是過眼雲煙，或許活在當下，認真地生活，快樂地去享受生活，才是自己應該做的。歲月將蘇軾的失意與辛酸，全部隱藏了起來，留給我們一個勤勞、偉大、樂觀、崇高的背影。

　　黃州，是蘇軾生命裡的一座城，與之相處的四年時光

第六章　萬物寂靜：讓往事隨風

裡，蘇軾完成了自己的蛻變。從前的他，一帆風順，也曾金榜題名，名動京城，「一日看盡長安花」，是天下才子佳人傾慕的對象。如今的他，歷經磨難，心境變了，成了一個傳奇的才子。

在黃州，他創作了「天下第二行書」的〈寒食帖〉；他寫下了千古雄文《赤壁賦》，使得黃州赤壁的美名揚古今；他唱出了「大江東去，浪淘盡、千古風流人物」的萬丈豪情；他用「人生如逆旅，我亦是行人」這句話，傳遞他對生命的思考與探索。黃州不知不覺，已成為蘇軾一生的羈絆。因為那裡有他留下的足跡，有他的知己好友，有他目睹過的春花秋月和欣賞過的夏木冬霜，有他的四載光輝歲月。

匆匆一生，有多少個四年，又還剩多少個四年呢？蘇軾成就了黃州的名聲，黃州裝扮了蘇軾的才情，他們相輔相成，成為各自不可分割的一部分。

第四節
人生行至窄處

　　蘇軾在黃州的幾年裡，為了生計，開荒地，建茅屋，自給自足，雖然清苦，卻也無拘無束，悠然自得。

　　看著雪堂牆壁之上自己的親筆畫，蘇軾十分滿意，有山有水，有花有草，有風有月，於草屋中讀書寫字，幸甚至哉。牆上的風景，皆是蘇軾就地取材，將身邊所見之景一筆一畫勾勒描繪出來的。如有鴻儒之客，約之來雪堂之中，談古論今，舞文弄墨，好不快活。

　　雪堂之外，蘇軾親手種下一棵柳樹，春風拂動，細柳飄飛，亂了山色，伴了歲月。不遠之處，是鄰里幫忙，眾人合力挖鑿出來的水井。夏日黃昏，放下水桶，轉動轆轤，打上一桶清涼的井水，一飲而盡，冰爽從口蔓延至五臟六腑，將酷熱一掃而空。

　　不遠之處，是自己開墾出來的稻田，秋風吹至，金黃色的稻浪不斷翻湧滾動。眼前的纍纍碩果，讓蘇軾暗自鬆了一口氣，畢竟這方稻田的口糧，又可以供家人吃上一陣了。

　　稻田的旁邊，是家人種的蔬菜，冬天雪飄，落在菜葉之上，綠白相間，大自然這個畫家，怕蘇軾寂寞，送給了他一

第六章　萬物寂靜：讓往事隨風

幅冬日雪景畫。

朋友也曾送過他幾株茶樹，蘇軾便將其種在了菜園旁。天氣回暖之時，茶葉發芽，採摘些許，拿回屋裡，用鐵鍋細炒烘乾，自製茶葉。午飯之後，將茶葉取出，用開水浸泡過濾，再加入開水浸泡，一壺清香的春茶成功出爐。一邊看書，一邊喝茶，亦是瀟灑人生。

鄰居家的院子裡，種養了大片竹林，夏風自山中來，吹得竹林颯颯作響。蘇軾喜歡來到鄰居家的竹林裡，坐在石凳上，與鄰居喝茶，靜聽竹下風。

陽光通過茂盛的竹林，在地上打出斑駁的影子，像雪地鴻爪，似小鴨從地上走過留下的印記。風過竹叢，蟬鳴不止，二者合力奏出美妙的自然樂章。

蘇軾逐漸享受和喜歡這樣的田園生活，如同當年的五柳先生，淡泊名利，不為五斗米折腰。但較之陶淵明，蘇軾似乎更加平民化。因為蘇軾事事都親力親為，比如開荒墾地，種禾收稻，建房挖井，做飯燒菜，他都玩出了一定的程度。

反觀陶淵明，完全就是體驗生活，打著隱居的旗號，過著地主般的悠然無慮生活。

或許厲害的人，無論做哪一行，都能取得非凡的成績吧。蘇軾毫無疑問是舉國聞名的大文豪，但他務農建房，也是個好手，甚至做飯做菜，亦是不凡，東坡魚、東坡肉便是

第四節　人生行至窄處

他的傑作。看來,他不僅是文壇大家,還是一流的農民,一流的廚師。三百六十行,行行出狀元,蘇東坡若是涉及其他行,或許會誕生出更多的新鮮玩意兒。

南望山丘,北顧微泉,蘇軾不由得想到陶淵明了。或許只有數百年前的他才與自己一樣,懂得隱居田園生活的樂趣,明白「久在樊籠裡,復得返自然」的快樂,兩個人超越了時間與空間,成為知己好友。於是蘇軾詩興大發,提筆便寫道:

江城子・夢中了了醉中醒

陶淵明以正月五日遊斜川,臨流班坐,顧瞻南阜,愛曾城之獨秀,乃作斜川詩,至今使人想見其處。元豐壬戌之春,余躬耕於東坡,築雪堂居之,南挹四望亭之後丘,西控北山之微泉,慨然而嘆,此亦斜川之遊也。乃作長短句,以〈江城子〉歌之。

夢中了了醉中醒。只淵明,是前生。走遍人間,依舊卻躬耕。昨夜東坡春雨足,烏鵲喜,報新晴。

雪堂西畔暗泉鳴。北山傾,小溪橫。南望亭丘,孤秀聳曾城。都是斜川當日景,吾老矣,寄餘齡。

片刻之後,詞歌已成,蘇軾將其唸了一遍。隨後興奮地叫來家人,一同欣賞此曲。一家人歡聚一堂,有人大聲唱了起來,有人興奮地打著拍子,有人歡快地舞了起來,有人端出美酒靜靜地品嘗。

第六章　萬物寂靜：讓往事隨風

還有的人，則端出罈子裡醃製的酸蘿蔔，用來做小點心。家雖不大，卻處處洋溢著熱鬧歡快的氛圍，雖遠離朝堂，卻擁有了難得的寧靜。塞翁失馬，焉知非福？

看著雪堂牆面上的空白之處，蘇軾心血來潮，提筆便在其牆壁和門板上寫了三十二個大字，日夜觀看，三省自身。

出輿入輦蹶痿之機。

洞房清宮寒熱之媒。

皓齒峨眉伐性之斧。

甘脆肥濃腐腸之藥。

香車寶馬，豪宅樓宇，美女情慾，甜食脆物，肥肉烈酒，凡此類種種美好，過多享受，反而影響自己的心境，傷害自己的身體。正所謂磨刀恨不利者，刀利傷人指，求財恨不多，財多害人指。蘇軾在時刻提醒自己，保持自己的清潔自律的心。

能夠自律的人，或許才會體會到自律帶來的快樂。在繁鬧喧譁的世間，保持著自己獨有的寧靜，好似那出淤泥而不染的蓮花，讓人遠觀而不敢褻玩之。

雖然一切皆好，然夜深人靜，月掛中天時，翻身轉醒的蘇軾，莫名地黯然神傷。他想起了恩師歐陽脩的一首詩，特別適合現在的自己：

第四節　人生行至窄處

夢中作

夜涼吹笛千山月，路暗迷人百種花。

棋罷不知人換世，酒闌無奈客思家。

時光飛逝，物是人非，自己滄桑鉅變，仕途失意，想要借酒消愁，卻解不了思念故鄉的愁緒。加上蘇軾目睹了黃州一些不幸的百姓，因為貧寒，他們無法養活自己的孩子，在孩子出生後便將其溺死，他感到震撼與痛心。此時的蘇軾才知道，相對於普通的百姓，他已經幸運得多了。

於是他想要為當地的百姓做一些事情，雖然官微言輕，但他還是想努力一把，畢竟人命關天，溺嬰的人倫慘劇，足以讓天地變色。

蘇軾寫了一封書信給當地的太守，請求政府的援助。隨後他還號召昔日的好友，募捐籌款，成立相關組織來專門幫忙救助嬰兒。救人一命勝造七級浮屠，或許是蘇軾的善意，感動了名流富豪，富人們紛紛慷慨解囊，用來支持蘇軾。

蘇軾將收到的善款統一交給專人管理，統一做好付款紀錄。有的錢用來買柴米油鹽，有的錢用來買布買被，一項項支出，合理且有明細，來源去向紛紛記錄在案。

有時蘇軾還會領著朋友，跋山涉水來到鄉村，調查即將臨盆的婦女，告知只要其願意撫養孩子，會給其提供錢糧，以此減輕其負擔。

第六章　萬物寂靜：讓往事隨風

　　蘇軾雖然清貧，但也算自給自足，家中也還有部分餘糧。於是他每年也要捐錢十緡，用來救助嬰兒。家人十分支持蘇軾，善良是一種選擇，它會傳染給自己的身邊人。所以他的家人，也會時常送糧食給貧困的農家，幫助他們度過難關。

　　或許當一個人用心對待生活的時候，生活便會美好起來。看著那些被救的嬰兒逐漸成長起來，蘇軾開心萬分。他也想到了自己的童年，那個時候父親兄弟在旁，書香門第，衣食無憂，讀書寫字，遊山玩水，一切都是那麼的美好。

　　七歲那年，蘇軾在眉州偶遇了已經九十歲的朱姓老尼。那老尼自稱曾經和她的師父一起到蜀主孟昶的宮中講學。一個天氣炎熱的晚上，孟昶和花蕊夫人在摩訶池上納涼賞月，曾作過一首詞，老尼自稱記得，還唱了兩句給蘇軾聽。

　　如今四十年過去了，那朱姓老尼早已亡故，人間再也沒有人記得那首詞了。蘇軾還記得老尼唱的那幾句，仔細一思索，那首詞有點像〈洞仙歌〉呀。於是他乾脆自己動筆，將缺失的詞給填上了。

　　冰肌玉骨，自清涼無汗。水殿風來暗香滿。繡簾開，一點明月窺人，人未寢，欹枕釵橫鬢亂。

　　起來攜素手，庭戶無聲，時見疏星渡河漢。試問夜如

第四節　人生行至窄處

何？夜已三更，金波淡，玉繩低轉。但屈指西風幾時來，又不道流年暗中偷換。

冰肌玉骨的美人，冷月也為你傾倒，天星流轉，歲月無痕，佳人有紋，斗轉星移，流年似水，時光飛快，紅顏早已不再呀。還是得好好珍惜時光，享受生命的美好，多做一些有意義的事情。

對曾經的自己來說，讀書不過是為了應付科舉考試，為了進士及第，為了光耀門楣。走進了仕途之後，便開始想要一步步往上升。

但如今看來，名利權勢，不過是浮雲罷了，時光如流水，東去不復回，白雲蒼狗，或許尋找內心的寧靜，尋找真正的自然，才足以令他快樂。曾經世人眼中的快樂，不過是表象罷了。如今他人眼見的安貧，卻可以讓自己樂道。

如今蘇軾的生活十分充實，時而田間勞作，時而書堂讀書，談笑有鴻儒，往來亦有白丁。日出而作日落而息，享受山間的淡然與寧靜，相當不錯。晚上空閒，找到太守，乘舟遊湖，共飲杯酒。月色迷人，湖景迷人，美酒迷人，蘇軾早已醉了。在舟上小憩片刻，酒醒之後，又與太守推杯談笑，醒又復醉。

不知不覺，已到三更。蘇軾拄著竹杖，搖晃著身體，返回到家門口。家中童僕早已熟睡，月下敲門許久，無人來開

第六章　萬物寂靜：讓往事隨風

門。沒有辦法,只好去江邊吹風,聊度今夜了。

夜風輕拂,江水不絕,月光輕柔地灑在波浪上,斑斕閃耀,彷彿在訴說月與江的緣分。蘇軾身上的酒味依舊濃烈,江風將酒氣送給了江中月,想要與之分享這醉人的夜。萬籟俱靜,月色溫柔,夜船輕飄。蘇軾打了一個冷顫,隨口唱出了自己寫的詞〈臨江仙〉:

夜飲東坡醒復醉,歸來彷彿三更。家童鼻息已雷鳴。敲門都不應,倚杖聽江聲。

長恨此身非我有,何時忘卻營營?夜闌風靜縠紋平。小舟從此逝,江海寄餘生。

或許只有江海,方可寄託蘇軾餘生的心緒了。回到家中後,蘇軾倒頭便睡,在夢中繼續自己的酒會、詩會。

不承想,第二天蘇軾的這首〈臨江仙〉便流傳出去了,文人們一看此詞,心中一愣,難道大才子蘇軾心灰意冷,要乘舟遠去,寄情於茫茫江海了?流言就這樣傳開了,散布在整個黃州。徐太守聽聞此事,亦是大驚,昨晚才與老師飲酒,怎麼今日老師就有此想法。於是急忙前去尋找蘇軾,想要勸說其一番。實在不行,也得見上老師一面,為之餞行吧。

徐太守急忙找到蘇軾,一問得知,蘇軾還在床上呼呼大睡,頓時鬆了一口氣。隨後推開房門,看到蘇軾鼾聲如雷,安逸舒服地躺著。徐太守微微一笑,看來是自己多慮了。而

第四節　人生行至窄處

且自己怎麼也如同外人一般，聽風就是雨呢？竟然相信這些流言鬼話，實在荒謬呀。或許老師這盞明燈，對他來說，實在太重要了吧。後來，蘇軾想起這件事，不免會心一笑，經常用此來調侃徐太守。

在黃州的生活，使得蘇軾的心境產生了巨大的改變。他不再是原來那個高高在上的富二代才子，不是追名逐利的蘇軾，現在的他是淡泊寧靜的蘇東坡，是戴草帽、披蓑衣的農民。昔日刻薄的諷刺、辛辣的筆鋒、衝動的熱血逐漸消退，變成了溫暖、親切、幽默與平靜。或許此刻的蘇軾，才是真正成熟了。成熟的人，才知道自己想要什麼，才知道什麼東西可以捨棄，才明白什麼東西珍重。

蘇軾的好友陳季常的夫人，嗓門兒極大，簡直如同獅子吼。往往是不見其人，先聞其聲，聲乍起，亂了山鴉，驚了人心。蘇軾還寫了一首詩來調侃好友：

寄吳德仁兼簡陳季常（節選）

龍丘居士亦可憐，談空說有夜不眠。

忽聞河東獅子吼，拄杖落手心茫然。

蘇軾心情低落之時，聽到這囂張跋扈的聲音，想到這婦人的雙手叉腰、仰天怒喊的形象，不免會心一笑。人這一生，又有什麼檻兒過不去呢？實在不行，如同她那樣大喊幾聲，將心中的煩惱喊盡，將滿腹的委屈罵光，也是一件幸福

第六章　萬物寂靜：讓往事隨風

的事情呀。

蘇軾逐漸適應了黃州的一切，有朋友知己，有美酒相伴，任誰都要忍不住迷上這樣的生活。最讓蘇軾感動的是馬夢得，這個與他同月同歲的知己，本是一位秀才，因為仰慕欣賞蘇軾的才華，一路跟隨他。在蘇軾前途無量、人人稱讚時，馬夢得在他身邊；在蘇軾仕途失意、被貶謫出京師、人人避而遠之的時候，馬夢得依然在其左右。就像蘇軾說的「馬生本窮士，從我二十年」，蘇軾忙不過來的時候，是馬夢得出工出力，能做的事情搶著做，能幹的事情搶著幹。蘇軾感慨地寫道：「可憐馬生痴，至今誇我賢。」

還有一位四川眉州來的清貧學生，仰慕蘇軾才華，專門來到蘇家，免費做了兩年的私塾老師，幫忙照顧培養蘇家子弟。或許這就是蘇軾的魅力，能夠讓身邊的人不遺餘力幫助他，願意與之共患難、同甘苦。這個就是蘇軾身上的閃光點，才華與人品並存，折服了那個時代。

蘇軾在黃州，有家人，有知己，雖然清苦，卻又那麼有趣與快樂。這片土地孕育出來的人，撫慰了蘇軾曾失落的內心。不管未來會面對什麼，狂風暴雨，滿地荊棘，蘇軾也有了對抗的勇氣。因為家人和朋友，已經在他的內心中，構築了一道堅不可摧的高牆，足以阻擋一切的苦難與風霜。如後世劉安世所說：「東坡立朝大節極可觀，才意高廣，唯己之是信。」

第七章
生死有命：苦樂隨緣天年

第七章　生死有命：苦樂隨緣天年

第一節
也無風雨也無晴

　　元豐五年（西元 1082 年）十月，蘇軾與兩位好友從雪堂出發，準備回臨皋亭開懷痛飲。途經黃泥坂，但見月色如銀，傾瀉到地上，好似鋪上了一層白霜。已是深秋，落葉滿地，樹幹光禿禿地站立在側。

　　月色之下，蘇軾等人的影子被拉得長長的，與樹影相互交錯，三人行成了眾人行。可愛的明月，讓他們多了無數的樹影朋友。

　　蘇軾抬頭望月，想要道聲謝，但見繁星點點，皓月高懸在夜空之上。他不由得感慨，此刻的嫦娥有了玉兔與吳剛的陪伴，廣寒宮也不再寂寞了吧？

　　此時世間萬物，靜如處子，迷人的夜色，使得蘇軾三人心中開闊，一股熱血油然而生，不由得放聲高歌，以此粉飾這恬靜的夜。有歌有月，又怎能無酒？於是幾人找來酒菜，尋到船隻，順江下赤壁。

　　此時的江水，水位下降，導致江面的石頭露出了腦袋，正好奇地打量著蘇軾一行人。遠處的山，高峻直聳，像位高傲的俠客，冷峻地看著江邊的萬事萬物。

第一節　也無風雨也無晴

　　三人興致勃勃地下船登山，踏過險峻的山岩，撥開紛亂的野草，終於來到赤壁之上。看著江上夜航的船隻、江岸閃動的燈火，蘇軾不由得仰天長嘯。嘯聲震天，草木皆動，高山都忍不住，要附和於他，於是深谷之中，響起了回聲。

　　江風頓起，回聲與風聲融合在一起，奏成了別樣的樂章。一股征服了雄關的喜悅，從蘇軾的心底升起。或許，這就是人活一生的意義，不斷地去攀爬，去征服，去披荊斬棘，去逢山開路遇水搭橋，去克服一個個難題。

　　此時，東方升起了魚肚白，旭日即將東昇，一只孤鶴似帶著光明從東方飛來。但見其翅膀如車輪般大小，尾羽似黑裙子，身上的白羽則像一條潔白珍貴的白衫。忽然，仙鶴一聲長叫，似在告訴眾人天已將亮，可以起床勞動捕魚了。隨後仙鶴便飛躍舟頂，向著西邊走了。

　　蘇軾三人立於赤壁，見此奇景，浩然之情湧上心頭。人世間的蠅營狗苟，朝堂上的風風雨雨，人生中的煩惱苦難，被這清風一吹，被這仙鶴一啼，似乎已消失得無影無蹤。煩惱不過是自己心中所想，是自己給自己束縛的枷鎖罷了。

　　只要自己心志堅定，任爾東西南北風，任你狂風暴雨，我自巋然不動。正所謂看山是山，見水是水，如心中有他物，不過是自己徒增的煩惱。

　　此時蘇軾不由得想起上一次他和朋友一起遊赤壁的情

第七章　生死有命：苦樂隨緣天年

景。那是壬戌年七月十六日，清風徐徐，水波不驚，蘇軾與好友泛舟江上，眾人舉杯互飲，吟誦明月，歌賦萬物。明月似乎感應到了他們的號召，從山後羞答答地升起。

但見白霧橫江，水光連天。蘇軾立於舟頭，體會飛船航行，感受清風拂面，頗有當年達摩一葦渡江的豪情，又有種遺世而獨立，羽化登仙之感。

喝酒盡興之時，朋友扣弦而奏，引吭高歌。蘇軾聞其歌，只覺其聲嗚嗚然，像是怨恨，又像是思慕，像是哭泣，又像是傾訴，尾聲悽切、婉轉、悠長，如同不斷的細絲，能使深谷蛟龍為之起舞，能使孤舟寡婦落淚。

蘇軾不由得詢問何故，朋友說出心中所想，原來看到赤壁，便想起了曹孟德當年與周公瑾的赤壁之戰。一代梟雄曹操，當年是何等威風，攻荊州，奪江陵，戰船千里，旌旗蔽空，橫刀立刻，飲酒賦詩，驚為天人。

然如此天縱奇才，如今又在何處呢？不過是一堆黃土罷了。想到這裡，朋友不禁感慨，人之一生，猶如蜉蝣置身於天地之間，似那滄海之粟，渺小非凡。我們這一生，何其短暫，匆匆而來，匆匆而去。想要和仙人攜手，遨遊天地，卻始終無法實現。於是將遺憾化為簫聲，寄與悲涼的秋風罷了。

蘇軾聽完微微一笑，當下說出自己的觀點。這不斷流逝的江水，其實並沒有逝去。時圓時缺的月，亦沒有增加或減少。

第一節　也無風雨也無晴

　　從事物容易改變的一面來看，事物無時無刻不在改變，從事物不變的一面來看，萬物與生命同樣無窮無盡。那我們又還有什麼可羨慕那些仙人呢？又還有什麼可悲哀的呢？天地之間，萬物都有自己的歸宿，非我所有，一毫莫取。你們瞧，這江上的清風，山間的明月，娛悅了我們的雙眼，滋潤了我們的雙耳，它們取之不盡、用之不竭。這可是大自然的寶貴財富，你我還是盡情享用吧。

　　想到那晚的情景，蘇軾不由得一笑。是呀，人生哪有那麼多的悲涼呢，不如好好享受眼前的風景吧。遊玩結束，蘇軾回到家中呼呼大睡。

　　睡夢之中，他迷迷糊糊遇到了一位身穿羽衣的仙人，拱手問他，赤壁遊玩得快樂嗎？蘇軾問其姓名，仙人笑而不答。蘇軾心中一愣，這仙人不正是長鳴飛過舟頂的白鶴嗎？正要細細詢問仙鶴天宮美景之時，他卻驀然驚醒。蘇軾意猶未盡，於是急忙提筆作賦，寫下了〈後赤壁賦〉。

　　赤壁真是個好地方，蘇軾曾多次來到這裡。或許是古赤壁戰場曾發生過太多的故事，有太多的風流人物，曾在這裡留下過印記。

　　就連蘇軾自己，不知不覺，也成為赤壁的記憶之一。赤壁靜靜地佇立在那裡，看風流雨打風吹去，看英雄浮沉，看才子起落，看美人遲暮，看世間百態。於是他寫下了千古名

第七章　生死有命：苦樂隨緣天年

篇〈念奴嬌‧赤壁懷古〉：

大江東去，浪淘盡、千古風流人物。故壘西邊，人道是，三國周郎赤壁。亂石穿空，驚濤拍岸，捲起千堆雪。江山如畫，一時多少豪傑！

遙想公瑾當年，小喬初嫁了，雄姿英發。羽扇綸巾，談笑間，檣櫓灰飛煙滅。故國神遊，多情應笑我，早生華髮。人間如夢，一樽還酹江月。

蘇軾羨慕周郎的雄才大略，指點江山，同樣也渴望談笑間，檣櫓灰飛煙滅。此刻他雖然仕途不順，但那又何妨，人生不過是一場大夢，榮辱沉浮，終究是浮雲罷了。

蘇軾的這種豁達，直接影響了他的孩子。無論是學問還是生活，蘇軾都能妥善處理。他游離在父親、丈夫、知己、農夫、官吏、文人墨客等各色身分中，遊刃有餘。孩子們的偶像，便是蘇軾了。畢竟如此樂觀有才華的長輩，無論是誰都會為之傾倒，引其為自己的偶像。

平淡恬靜的生活讓蘇軾看透了許多事情，不知何時開始，他喜歡上了靜坐冥想。或許靜心，神遊天外，思考宇宙的無窮，未嘗不是一件幸福的事。一日，朋友前來找蘇軾談心，發現了他的轉變，便詢問他什麼時候開始打坐的。

蘇軾泡上一壺茶，微笑請朋友喝茶，隨後娓娓道來。原來蘇軾還在杭州的時候，便與高僧、道人交往密切，聽他們

第一節　也無風雨也無晴

談佛論道，自然而然，也會對之有所領悟。來到黃州之後，沒有俗世的打擾，沒有官場的勾心鬥角，蘇軾似乎更加能體會佛道的好處。

蘇軾每天睡覺前都要面朝東南，盤足而坐，叩齒三十六次。隨後調慢呼吸，三次過後待津液滿口，即低頭嚥下。為了達到鍛鍊身體的目的，蘇軾每天會用左右手摩擦生熱，然後再用手去暖腳心，再一直搓熱到臍下腰脊間，隨後再用兩手摩熨眼面耳項。待到這些地方都熱透之後，他會用手捉鼻梁左右五七下，梳頭百餘下，之後臥床而睡，一夜無夢，直至天明。

妻子見到蘇軾每天堅持鍛鍊，相當支持他。畢竟身體是本錢，只有將身體鍛鍊好了，才有可能創造更多的奇蹟。況且蘇軾都花心思在靜坐鍛鍊上，官場上的那些不如意，也會被拋在腦後，這樣丈夫便會開心快樂些。丈夫寬心，她自然是歡喜支持了。有時候蘇軾還會調侃妻子，說自己再鍛鍊下去，可能就要羽化成仙，飛往仙界天宮了。

妻子聞言，抿嘴一笑，配合著打趣，說蘇軾如果成仙，那便去天宮帶些靈丹妙藥、蟠桃瓊汁，給家人們一起吃，一起飛昇，前往天宮瞧上一瞧。惹得蘇軾哈哈大笑。

蘇軾自然知道所謂的靈丹妙藥，不過是一種心靈上的寄託罷了。他不會像那些帝王修士，沉迷於丹藥無法自拔。他

第七章　生死有命：苦樂隨緣天年

認為把全部的時間都用來研究丹藥，簡直是虛度光陰，以身試丹藥更是愚昧。所以他會時常告誡家人，倘若沒有見到真正長生不老之人，便沒必要太過相信那些仙人傳說，不必執著於那些神話。

無規矩不成方圓，生活亦是如此。蘇軾翻看修身養性的古書，歸納總結出幾個方法規則，用來使自己的作息有規律。分別是這四條：1. 無事以當貴；2. 早寢以當富；3. 安步以當車；4. 晚食以當肉。自律的生活，非凡的人生，蘇軾用他自己做了個示範。自因「烏臺詩案」被貶黃州後，蘇軾自己也想不到他的生活會如此豐富多彩，有田可種，有書可讀，有酒可飲，有朋可談，有景可賞，有丹可煉，有茶可品，有人可愛，有紙可寫，有詩可誦，有佛可參，事事皆妙，樂趣無窮。

更讓蘇軾開心的是，到了元豐六年（西元1083年），妾室王朝雲為他生了一個兒子，46歲的蘇軾開心萬分。

王朝雲詢問丈夫，給孩子取個名字吧。蘇軾思索片刻，為之取名為遁。王朝雲疑惑不已，為何取名為遁？蘇軾解釋說，遁通鈍，愚鈍一些，未嘗不是一件幸事。隨後他還作了一首詩自嘲：「人皆養子望聰明，我被聰明誤一生。唯願孩兒愚且魯，無災無難到公卿。」

王朝雲聽後覺得丈夫說得有理，欣然同意。

第一節　也無風雨也無晴

　　蘇軾看著可愛的小兒子，不由得小聲嘀咕：「遁兒，快些長大吧，長大後就可以和哥哥們一起讀書寫字，一起玩耍了。爹爹到時候還可以做美味佳餚給你吃，你可有口福了。」王朝雲聽了蘇軾之言，被逗得哈哈大笑。

　　要說蘇軾的廚藝，確實了得。就他發明出來的東坡肉，遠近聞名，人人歡喜。曾經的豬肉，那是「富者不肯吃，貧者不解煮」，可到了蘇軾的手中，便是化腐朽為神奇了。他的原創豬肉烹煮方法，便是先拿少量的水將豬肉煮開煮熟，然後添上醬油，再用文火燉上幾個小時。時辰一到，開鍋取食，香味撲鼻，入口鮮美。

　　蘇軾除了煮豬肉有一套外，做魚的手法也是高超。就拿鯉魚來說，蘇軾會先用冷水洗淨魚，然後在魚身上擦上鹽粒，再在魚肚子裡塞入白菜心。隨後加熱煎鍋，放入油與幾根小白蔥煎炒，再放入處理好的魚。將魚煎至半熟之後，放入幾片生薑，用來去魚腥。然後在鍋邊淋些鹹蘿蔔汁下去，再緩慢倒些許酒進鍋中。慢熬慢煮，待到魚香四散的時候，眼見魚肉將熟，再往鍋中放入幾片橘子皮提味。

　　一鍋美味的魚肉湯便大功告成，色香味俱全，大人小孩都興沖沖地端起碗拿起筷，狼吞虎嚥起來。一碗吃罷，恨不得再來一碗。

　　除此之外，蘇軾還發明了一種美味的青菜湯，名叫東坡

第七章　生死有命：苦樂隨緣天年

湯。該湯只是採用簡單的食材，就能讓全家人的味蕾折服。自己的孩子甚至可以憑藉該湯，出去與鄰居家的小孩炫耀。孩子們偷偷地詢問父親該湯做法，蘇軾倒也不藏著掖著，當下便把獨家祕方傳授給了孩子。該湯是用雙層鍋熬製的，鍋下面的一層放著洗好的白菜、蘿蔔、油菜根、薺菜等，然後再放點薑絲，隨後將水放入。上面的一層鍋則放置洗淨的米。

開火熬煮，飯熟之時，菜湯已好。一舉兩得，事半功倍。

看來要抓住孩子的心，還得先抓住孩子的胃。

此時的蘇軾，人生已經進入了新的境界，就像武學大家，功夫又上了一層樓。此刻的他，已經有了磐石一般堅定的心，不懼風雨，不怕荊棘。不管未來如何艱辛困難，不論此時多麼失意，他都能夠及時調整心態，重拾樂觀開朗的心情。

此刻的他，就像懸崖峭壁中艱難生長的小松樹，雖然少水少養分，可依舊無法阻止他長成大樹，無法將其困死。在蘇家這個大家庭裡，他們自給自足，他們過得充實且幸福。因為蘇軾這個主心骨，永遠不會倒下，永遠樂觀向上。

如果文人都有蘇軾這樣的胸襟與氣魄，如果官員都能像蘇軾這般起落皆淡定，那麼歷史將會少了許多悲劇。蘇軾的悠然豁達心境，被後輩無數文人所推崇，被同時代的人們所

第一節　也無風雨也無晴

敬重，被他的知己好友所欽佩，被他的家人所擁護敬愛。

此時的蘇軾，已經成長為偉大的詩人、心胸寬廣的丈夫、強大的父親以及睿智的哲學家。

在黃州這片土地上，蘇軾揮灑過汗水，留下過歲月與記憶。同時他也創作了無數經典的詩詞，令人拍案叫絕，讓後世文人敬仰。

他成為一座文學界的高山，靜靜地立在那裡，讓後人難以超越。就像蔡嵩雲所評論的：「東坡詞，胸有萬卷，筆無點塵。其闊大處，不在能作豪放語，而在其襟懷有涵蓋一切氣象。若徒襲其外貌，何異東施效顰。東坡小令，清麗紆徐，雅人深致，另闢一境。設非胸襟高曠，焉能有此吐屬。」

第七章　生死有命：苦樂隨緣天年

第二節
人常在，知己永不負

　　風水總會輪流轉，人豈無得運？只要熬過那段艱苦歲月，好運就會到來，蘇軾的好運終於要到來了。元豐六年（西元 1083 年），皇帝良心發現，驚覺自己對新政反對派的責罰太過嚴苛，於是開始慢慢調曾經被貶的官員北歸。

　　蘇軾的好友王定國也獲赦，準備返回北方。蘇軾想到當初王定國因為受到自己「烏臺詩案」的牽連，被貶到了賓州，擔任監鹽酒稅。嶺南地區環境惡劣，僻遠荒涼，物資匱乏。許多北方官員被貶至此地，大多無法適應嶺南的氣候，染上重疾，終生受病痛折磨。更有甚者，一去便常病不起，再也無法回到北方。此番的凶險，蘇軾自然知道，所以對王定國愧疚萬分。知道王定國北歸，需要經過黃州，蘇軾便邀請其來到自己家中敘舊。

　　好友相見，知己重逢，自當痛飲百杯。見到昔日意氣風發的好友，如今已是滿面風塵，蘇軾心中不免有些自責難過。若不是當初受到自己牽連，他何須受此磨難。但蘇軾心裡更多的是替王定國開心，因為王定國終於被調回北方，重

第二節　人常在，知己永不負

新受到重用。久別重逢，他鄉遇故知，蘇軾心裡自然高興。

王定國似乎看出了蘇軾內心中的自責，出聲安慰蘇軾，隨後還叫自己的歌女柔奴出來為蘇軾勸酒。想當初王定國被貶嶺南，前途渺茫，將來是生是死，猶未可知。柔奴不畏艱辛，不離不棄，陪著王定國一路南下，歷盡風霜，飽受磨難，如今終於算熬出頭了。

看著王定國與柔奴之間的甜蜜，蘇軾在心底替好友開心，得知己如柔奴，夫復何求呀。都說風塵女子多無情，卻不知女子若是用情起來，那也是海枯石爛，感天動地。或許情不知所起，一往而深吧。一個女人敢陪著一個落魄的男人，一同經歷磨難，明知有可能有去無回，也毅然同行。這樣的女人，高潔偉大，光芒四射，令人欽佩。被陪伴的男人，幸福美滿，快樂欣慰，令人羨慕。宴席結束之後，蘇軾結合宴會中眾人所聊所談，寫下了〈定風波‧南海歸贈王定國侍人寓娘〉：

常羨人間琢玉郎，天教分付點酥娘。自作清歌傳皓齒，風起，雪飛炎海變清涼。

萬里歸來顏愈少，微笑，笑時猶帶嶺梅香。試問嶺南應不好？卻道，此心安處是吾鄉。

嶺南好與不好，關鍵看是何人所想。確實如柔奴所說，心安之處，便是吾鄉啊。只要自己的內心安定，快樂便自

第七章　生死有命：苦樂隨緣天年

到來了。蘇軾在黃州的謫居生活未嘗不是如此呢？他不過是巧借柔奴之口，表達自己的所思所想罷了。

蘇軾如今早已習慣了黃州的悠哉生活，想要在此處長久定居下去，安享歲月靜好，安度晚年。但人算不如天算，人在官場，身不由己，一切早已由不得蘇軾自己定。

元豐七年（西元1084年）三月，蘇軾正在書堂讀書，朋友興沖沖地來找他，告訴他京師傳來的小道消息，說有可能要把蘇軾調回京師掌史館。蘇軾微微一笑，安慰朋友，這畢竟只是小道消息，不必在意，最終還是要以聖旨為準。

不久之後，聖旨到來，蘇軾跪地接旨，得到的詔令是讓他前往汝州任職。

蘇軾心中一愣，實際情況果然和小道消息有差距呀，一個是京師官，一個還是外地官，福利待遇終究不是一個級別。

事後，朋友多方打聽，終於知道蘇軾被調到汝州的內幕。原來當初皇帝欣賞蘇軾的才華，確實想要蘇軾掌管史館。可惜朝廷裡有人極力反對，最後皇帝沒有辦法，只好順應了掌權派的意見，最終折中，將蘇軾提升到了汝州。畢竟汝州雖然也是地方州，但是勝在離京師近，可比黃州的政治地位高上不少。

蘇軾接到調令之後，和家人商量一番，覺得汝州雖比黃州好，可黃州他們已經待了四年多，有了家有了感情，這裡

第二節　人常在，知己永不負

早已成為蘇家的一部分。這裡的田地，這裡的茶水房屋，也有了一家人的記憶。

或許黃州已經成為蘇軾的另一故鄉，蘇家人倒是不太想去汝州了。於是蘇軾開始逃避這道派令，就拿他自己的話來說，「殆似小兒遷延避學」。畢竟能拖一天是一天。

在此期間，蘇軾還跑去鄰居家的花園裡賞花觀景，但見院中百花鬥豔，花香四溢。蘇軾漫步在花叢之中，看到一隻蝴蝶在花枝上棲息，一隻在花頭起舞。不知為何，他竟然想變成一隻蝴蝶，自由自在，無拘無束地在花中遊玩，飛去山花爛漫處也好，飛到清泉石畔也罷，總之無人叨擾，這樣該是多麼美好。從鄰居家出來後，他來到了家居店，買了一個木盆，準備用來盛水，給家中花園裡的瓜澆澆水。在街上閒逛的時候，蘇軾發現鄰居家有許多茂盛的橘子樹苗。於是他斗膽上前，問鄰居討要了幾株。鄰居大方熱情，順手便給了他幾株。蘇軾喜出望外，連連道謝。想到將樹苗栽在院子裡，待到熟時，便有甘甜可口的橘子吃了。

就這樣安逸地待了幾天，蘇軾找到夫人，與之認真商量一番，畢竟朝廷的調令，一直拖著也不是個辦法。溥天之下，莫非王土，率土之濱，莫非王臣。況且這是皇帝陛下的好意，有心提拔自己，如果自己再不去，豈不是不給皇帝面子。到時候朝廷裡的那群小人，又要在皇帝面前搬弄是非，

第七章　生死有命：苦樂隨緣天年

誣陷自己恃才傲物，不遵王命可就不好了。夫妻二人商量半宿，雖然萬般不捨黃州的一切，可最終還是決定服從上令。

但令蘇軾想不到的是，他的詩才之名實在太大，令朝廷裡的許多高官羨慕嫉妒恨。即便蘇軾的官職低微，但那些身處高位的人仍然認為他是一個潛在的威脅。所以他們都在找準時機，想要見縫插針，用盡一切手段，打壓蘇軾。

按照慣例，蘇軾接受調職後，是要上疏給皇帝，表示皇恩浩蕩，臣下萬分感動。蘇軾才高八斗，那還不是輕而易舉便將感謝信寫好了，原文部分如下：

臣軾言。伏奉正月二十五日誥命，特授臣汝州團練副使，本州安置，不得僉書公事者……雖蒙恩貸，有愧平生。隻影自憐，命寄江湖之上；驚魂未定，夢遊縲絏之中……疾病連年，人皆相傳為已死；飢寒並日，臣亦自厭其餘生……顧唯效死之無門，殺身何益，更欲呼天而自列，尚口乃窮。徒有此心，期於異日。臣無任。

皇帝看了之後，覺得蘇軾的文采更勝從前，哪裡像那些在朝廷之中明爭暗鬥的官員，只知如何討好上級，升官發財，早就不注重文采修養。況且蘇軾又在信中對皇帝一頓猛誇，畢竟千穿萬穿，馬屁不穿。皇帝也是相當受用，當下便開心地誇讚蘇軾是個天縱奇才。

李定是嫉妒蘇軾的人之一，聽了這話，相當害怕皇帝重新提拔蘇軾，於是急忙出來挑撥離間。只見李定厚顏無恥地

第二節　人常在，知己永不負

說蘇軾是在發牢騷，還要請皇帝重罰蘇軾。皇帝一臉蒙，詢問何以見得。李定恭敬地為皇帝指了指那一句「驚魂未定，夢遊縲絏之中」，並強調蘇軾是對罪責不服，不思悔改。

這李定真是陰險毒辣，五年之前，便是他一手炮製的「烏臺詩案」。想不到五年之後，他還要故技重施，想要讓蘇軾永不翻身。不過李定千算萬算，這次卻沒有料到皇帝竟然不吃他那套。或許皇帝早就看穿了李定的把戲，也早就知道蘇軾並沒有惡意，所以並沒有處置蘇軾。李定眼見無法說服皇帝，才收起了那副醜惡的嘴臉。

雖然朝廷裡那些小人的嘴暫時被堵住，但蘇軾的處境依然相當尷尬。汝州雖然離京城近、環境較黃州舒服，但他五年前的罪名依舊沒有被撤銷。所以他現在還是戴罪之身，即便是到了汝州，仍然是個「不得僉書公事」的州團練副使。蘇軾依然是個邊緣人物，沒權沒錢，官職低微。但比在黃州好的便是，他可以自由地進出公門了。

此時的蘇軾已快到知天命的年紀了，這些年來，他四處漂泊，西去東來，南遷北徙。好不容易在黃州安定下來，還沒來得及細細享受這裡的一切，馬上便要離開了。看著前來送行的朋友，蘇軾有感而發寫下了一首〈滿庭芳·歸去來兮〉：

歸去來兮，吾歸何處？萬里家在岷峨。百年強半，來日苦無多。坐見黃州再閏，兒童盡、楚語吳歌。山中友，雞豚

第七章　生死有命：苦樂隨緣天年

社酒，相勸老東坡。

云何，當此去，人生底事，來往如梭。待閒看秋風，洛水清波。好在堂前細柳，應念我，莫剪柔柯。仍傳語，江南父老，時與晒漁蓑。

蘇軾一家人收拾好行囊，看著這幾十畝土地，看著自己辛苦搭建出來的房屋，看著院子裡的茶水菊花，想到這些年在黃州遇到的人和事，蘇軾不自覺地落下了熱淚。他帶不走鄰居家的百花，帶不走鄰居家的竹林，帶不走自己的雪堂，帶不走自己的農莊，他能帶走的，只有自己的一大家子人和對這片土地的熱愛，以及對黃州的美好記憶。

臨走之時，蘇軾還是不忍心讓東坡田就此荒廢，於是他想到了一個值得信賴的朋友。元豐七年（西元1084年）四月一日，蘇軾留別雪堂，和一幫送行的朋友渡江至樊口，來到潘丙酒坊。

他將東坡田地託付給潘丙照看，潘丙欣然同意。中午時分，潘丙準備酒菜，為蘇軾餞行。眾人歡聚半日，追憶往昔，那些曾經一起遊山玩水、飲酒賦詩的快樂日子一一在腦海浮現。不知不覺，已是傍晚時分，潘丙一路送蘇軾到了車湖。送君千里終須一別，蘇軾與諸位好友定下書信之約，日後要多來信，互通有無。隨後蘇軾便依依不捨地離開了黃州，告別了這個留下他四年時光的城市，奔赴一個新環境。

第二節　人常在，知己永不負

　　起程之後，蘇軾趁著這難得的機會，先去到弟弟蘇轍那裡小住幾日，共敘兄弟情誼。弟弟見到滄桑的哥哥，感慨萬分，不覺已是淚流滿面。在這幾日裡，兄弟二人各自談論著這些年遇到的人與事。

　　說到動情之處，蘇軾忍不住拔高了音量，蘇轍則聽得津津有味。說到不平之事時，蘇軾情緒略微低落，蘇轍則替哥哥鳴不平。蘇家兄弟徹夜長談，似乎要將消失的時光都彌補回來。

　　六、七天後，蘇軾戀戀不捨地和弟弟分別，繼續乘船至九江，隨後下長江，輾轉幾個迴路，最終抵達金陵。

　　蘇軾來到南京後，自然要去見一個人。因為此人曾在五年前的「烏臺詩案」中為他說過話，是他上疏給皇帝，直言「安有盛世而殺才士乎」，這句話為免去蘇軾的死刑發揮了重要的作用，蘇軾必須當面向其表達自己的感謝。但此人又是蘇軾昔日的政敵，蘇軾的父親蘇洵更是寫了〈辨姦論〉公開諷刺過他。兩家人算得上是世仇了。此人便是新黨的領袖王安石，他同時也是文學界的大家前輩。不管如何，人家終究是前輩，還曾救過自己的性命，於情於理，蘇軾都得走一遭。

　　此時的王安石早已退居二線，在南京居住了八載。蘇軾見到老態龍鍾的王安石，不由得心中一緊，昔日咄咄逼人、權勢滔天、呼風喚雨的宰相，如今已是日薄西山、垂垂老

253

第七章　生死有命：苦樂隨緣天年

矣，如何不令人心傷。蘇軾與王安石相互寒暄之後，倒也聊得比較愉快，全然沒有昔日的針鋒相對。兩個人一個是經歷了四年磨難的舊黨中堅，一個是已退出政壇八載的新黨領袖，雖然政見上依然有所不同，但是兩人早已遠離政治鬥爭的漩渦，自然沒有強烈的敵意。

聊著聊著，蘇軾逐漸嚴肅起來，對著王安石說自己有話要說。王安石一看蘇軾的神色，頓時臉色大變，以為蘇軾還要舊怨重提，揮手阻止他繼續說下去。

蘇軾早已捕捉到王安石異常的神色，急忙說自己要說的是天下大事，王安石才示意蘇軾繼續說下去。於是蘇軾便對王安石吐露自己的看法，他認為如今朝廷接連用兵和屢興大獄於國不利，畢竟這「大兵大獄」可是漢唐亡國的前兆。

蘇軾還勸誡王安石，希望他可以出面阻止目前這種狀況，因為如今是新黨的呂惠卿負責朝廷政務，這呂惠卿還是王安石一手提拔起來的，算是他的學生。況且王安石雖然隱退，但他在新黨中的影響力依舊擺在那裡。

王安石聽了蘇軾的話，頓時表示自己的無奈，說現在已經是呂惠卿的天下了，他一個退居的老人，早已沒有了話語權，不在其位，不謀其政，也不方便干涉。蘇軾急忙對他說：「在朝則言，在外則不言，這只是侍君的常禮，但皇上待您以非常之禮，您又豈能以常禮來報答皇上？」王安石聽了

第二節　人常在，知己永不負

激動地表示會上疏勸誡皇帝，以報皇恩。

隨後王安石警惕地看了看四周，小聲地勸慰蘇軾，不要把此話洩露出去。

蘇軾自然明白王安石心中所想，此刻的王安石政治影響力還在，但是新黨的呂惠卿大權在握，自然不願再屈從王安石。即便王安石是他的伯樂，是他的老師，是其一手把他提拔起來的，但是他為了權力，也不得不對老師心存芥蒂。

呂惠卿無時無刻不在想擺脫王安石的影響，成為一個真正的新黨領袖。如果王安石公開支持舊黨蘇軾的意見，那不是擺明了讓呂惠卿難堪。所以王安石要考慮呂惠卿的想法，要權衡照顧到新黨這邊，這些事可以在暗地操作，但是擺不上臺面。蘇軾畢竟也是混跡官場多年，這些門道，他還是懂的。

聊完天下大事，兩位大名鼎鼎的文人才子，自然而然拋開了政治家的身分，逐漸突顯文人學士的風采，兩人開始愉快地討論文學歌賦。

蘇軾端起筆墨，書寫近期新作的詩詞，贈送給王安石做紀念。王安石本就相當喜歡蘇軾的書法，於是吟誦了自己的詩句，請蘇軾書寫一份，送給自己。蘇軾也不含糊，當下筆走龍蛇，力透紙背，洋洋灑灑寫了出來。

蘇軾十分喜歡王安石的那句「槢李兮縞夜，崇桃兮炫

第七章　生死有命：苦樂隨緣天年

畫」，他認為這兩句詩有楚辭的句法，王安石欣然認可。王安石細細品蘇軾的詩，詢問那句「凍合玉樓寒起粟，光搖銀海眩生花」這兩句是否用了道藏的典故？

蘇軾哈哈大笑，稱讚王安石才學，將之引為自己的知己。隨後，兩人談起了學術之事。王安石說對陳壽的《三國志》不是很滿意，所以想要重修《三國志》，但他已年邁，希望蘇軾可以著手重修事宜。

蘇軾一聽，自認為才華不夠，哪裡敢擔此重任，接連推辭，王安石見狀只好作罷。

蘇軾在南京停留了數日，在此期間，他時常去找王安石交流。兩個人詩詞唱和，好似多年好友知己，好不熱鬧。蘇軾還去遊了蔣山，並在詩中寫道：「峰多巧障日，江遠欲浮天。」王安石聽了大為稱讚，還嘆息著說，自己這一輩子作的詩詞，沒有一句比得上蘇軾這首詩。

王安石還曾勸蘇軾居住在鐘山，和自己做鄰居，一起飲酒賦詩，一起談天論地。但此時的蘇軾自有想法，於是他寫了一首詩送給王安石，表達自己的心意。詩名為〈次荊公韻四絕〉：

騎驢渺渺入荒陂，想見先生未病時。
勸我試求三畝宅，從公已覺十年遲。

第二節　人常在，知己永不負

一個月之後，蘇軾渡江北上，王安石親送其離開。待蘇軾走後，王安石對著身邊人說：「不知更幾百年，方有如此人物！」此時的王安石與蘇軾，早已渡盡劫波，相逢一笑泯恩仇，兩顆高潔的靈魂，碰撞到一起，相互理解，相互關懷，相互欣賞，成就了一段佳話。

元豐七年（西元 1084 年），蘇軾離開黃州赴汝州就任，由於路途遙遠，長途跋涉，旅途顛簸，他們的幼兒蘇遁不幸夭折。

此時的王朝雲面容憔悴，憂心忡忡。小兒夭折，王朝雲一直都沒法緩過神來，整天以淚洗面。蘇軾心中已是難過萬分，可命運之事，他也無能為力，萬般皆是命，半點不由人哪。想到可愛的孩子，就此離開人間，白髮人送黑髮人，蘇軾悲痛異常，於是賦詩一首〈去歲九月二十七日，在黃州生子名遁小名乾兒頎〉，表達自己對孩子的思念：

吾年四十九，羈旅失幼子。
幼子真吾兒，眉角生已似。
未期觀所好，蹣跚逐書史。
搖頭卻梨栗，似識非分恥。
吾老常鮮歡，賴此一笑喜。
忽然遭奪去，惡業我累爾。
衣薪那免俗，變滅須臾耳。

第七章　生死有命：苦樂隨緣天年

> 歸來懷抱空，老淚如瀉水。
> 我淚猶可拭，日遠當日忘。
> 母哭不可聞，欲與汝俱亡。
> 故衣尚懸架，漲乳已流床。
> 感此欲忘生，一臥終日僵。
> 中年悉聞道，夢幻講已詳。
> 儲藥如丘山，臨病更求方。
> 仍將恩愛刃，割此衰老腸。
> 知迷欲自反，一慟送餘傷。

在蘇軾的好言軟語安慰之後，王朝雲也逐漸走出傷痛，但她臉上難免會默然浮現出一種落寞感，畢竟蘇遁是她和蘇軾生下的唯一一個兒子，如今兒子沒有了，或許她也在擔心自己未來沒有依靠吧。不過蘇軾的其他三個兒子倒也孝順懂事，蘇軾也勸其不必擔心，但王朝雲始終愁雲不減。

蘇軾亦是肝腸寸斷，於是他上書朝廷，請求暫時不去汝州赴任，先到常州居住。皇帝考慮到蘇軾剛經歷喪子之痛，於是批准了他的請求。

蘇軾領著家人，一起來到了富庶的江浙一帶，這裡繁花似錦，風光迤邐。一路之上，似乎空氣都是甜的。還在路途之中，蘇軾便與家人商量到了常州，便要著手買田置地的事情，避免重蹈初到黃州的窘況。況且如今的蘇軾，年近半

第二節　人常在，知己永不負

百，奔波了半輩子，是時候考慮一下安度晚年的事宜了。

蘇軾有一位好友名叫滕元發，在南岸湖州任太守。他似乎猜到了蘇軾的心思，一番考量後，他便推薦蘇軾到常州太湖左岸的宜興住下。為了順利在常州安下家來，好友給蘇軾出了一個主意，讓他先在宜興買好田地，然後再上書朝廷，請求居住在該地。其理由也相當好編，需要依靠農莊來謀生。

畢竟現在的蘇軾官職低微，俸祿太少，無法養活一家人。蘇軾一想，覺得有道理，當下便同意了好友的建議。

滕家正好在宜興有一處田莊，每年約可產稻米八百擔。但是其地理位置較偏僻，是在城外二十里地的深山裡了。蘇軾覺得此地不錯，有了此處田莊，未來的生計便不用擔心了。於是他託朋友將父親留在京師的住宅給賣了，打算將換得的錢用來買田莊。

在買田莊的路上，蘇軾便開始幻想，要在田莊中種上幾株茶樹，那樣一年四季都可以喝到清香的茶了。還有種上百來株橘子樹，橘子熟透時，叢林遍染，紅滿田莊，可供朋友們欣賞作詩，還可以摘下甜口的橘子，犒勞知己好友，當真美哉。

在此期間，蘇軾曾住在好友張方平的家中。一次偶然的機會，蘇軾突然發現他與張方平兒子的小妾是舊相識。這小

259

第七章　生死有命：苦樂隨緣天年

妾名叫勝之，曾是蘇軾在黃州時經常照顧他的好友徐太守的小妾。只是後來徐太守過世了，勝之便改嫁了。

遙想當年，重陽佳節，徐太守邀請蘇軾參加聚會。勝之跳舞助興，其曼妙的身姿給蘇軾留下深刻的印象。一曲舞後，勝之力乏，笑著倚在徐太守身上，香喘連連，徐太守則醉眼矇矓地看著勝之。蘇軾詩興大發，一首〈減字木蘭花・雙鬢綠墜〉便信手而來：

雙鬢綠墜。嬌眼橫波眉黛翠。妙舞蹁躚。掌上身輕意態妍。

曲窮力困。笑倚人旁香喘噴。老大逢歡。昏眼猶能仔細看。

往事歷歷在目，然而物是人非了。想到故友離世，蘇軾不免悲從心來，黯然神傷，不知不覺流下眼淚來。勝之見到蘇軾如此多愁善感，竟然笑了起來。或許是她年紀尚小，心思簡單，沒有其他想法。可蘇軾更加悲傷難過了，為離世的好友徐太守難過，為他被人遺忘而傷心。

男兒有淚不輕彈，只是未到傷心處。後來，蘇軾還用這個例子勸誡朋友不要納妾。因為很有可能，你納的妾，在你離開之後便會另覓他歡，將你遺忘。曾經的海誓山盟，恩愛與共，到頭來不過是逢場作戲罷了。

王朝雲知道這件事之後，為勝之說了不少好話，她認為

第二節　人常在，知己永不負

一個弱女子，如果不找個依靠，又該如何活下去呢？這個混亂的世道，這個黑暗的世界，哪怕是一個男人都活得如此艱難，更何況是一個女子。

蘇軾聽完之後，默然不語。或許是如此吧，但無論如何，他的心裡還是始終無法原諒勝之。雖然他明白勝之有自己的苦衷，有自己的無奈，可他還是替自己的好友不值得。不同的角度，會有不同的思考吧。斯人已逝，現在也沒必要去討論誰是誰非了。蘇軾嘆了一口氣，不知道在天上的徐兄，他還好嗎？有人同飲與否，有人共唱與否？

不久，朝廷傳來了皇帝病重的消息，蘇軾心中一驚，暗自替皇帝祈禱。可皇帝的病情始終不見好轉，三月一日，皇帝的母親太后開始攝政。四天之後，皇帝駕崩。太后獨攬朝綱，她向來支持舊黨，又較為欣賞蘇軾的才華，所以直接批准了蘇軾暫住常州的請求。

於是蘇軾一家人便搬到了常州。一到此處，蘇軾便認定了這裡可以定居餘生了。於是他十分開心，四處遊玩，來到了竹西寺，還興致勃勃地寫下了〈歸宜興留題竹西寺〉（節選）：

十年歸夢寄西風，此去真為田舍翁。
剩覓蜀岡新井水，要攜鄉味過江東。

第七章　生死有命：苦樂隨緣天年

　　常州的山美水也美，空氣清新，碧波如洗，這裡的一切，蘇軾都喜歡。田園的樂趣，山林的美妙，清風的舒爽，一切都是那麼美好，讓人流連忘返，欲辨忘言。看著眼前的田莊，蘇軾又幻想著果樹滿園、池塘水清、游魚四散、雞鴨成群的愜意生活。

　　但人算不如天算，安逸才過了十多天，朝廷那邊就傳來消息，高太后打算起用蘇軾，要任命其為登州（今山東文登縣）太守。蘇軾知道太后支持舊黨，可沒想到這麼快便要起用他，他自己都有些不太敢相信。與妻子一說，妻子也是一臉震驚。

　　不久之後，朝廷便下發正式通知，果然和前段時間收到的小道消息相差無二。蘇軾被重新提拔起來，全家人都高興萬分，但蘇軾早已不是當年的蘇軾了，經歷那麼多的事情，所謂的權力名聲，似乎並沒有那麼重要。此刻的他，波瀾不驚，寵辱皆忘。他甚至在給米芾的信中說「某別登卦都，已達青社。衰病之餘乃始入闈，憂畏而已」。最終，蘇軾還是無奈接受了官職。

　　此時掌權的太后，開始重用舊黨，提拔司馬光上位，任命其為門下侍郎，相當於副宰相。但司馬光知曉自己是太后提拔起來對付新黨的棋子，說白了就是一桿槍。他想拒絕，但是不承想，太后竟然派武裝侍衛直接到他家，「護送」司馬

第二節 人常在，知己永不負

光到公署。太后這招實在絕，直接將司馬光的後路堵死，只能上這艘「賊船」了。蘇軾知道此事後，不免微微一笑。

蘇軾這邊也啟程前往山東海岸的登州，他們從膠州附近走海路，乘船繞過山東半島，最終在十月十五日抵達登州。然而到了登州五天後，便又接到聖旨，奉詔趕往京城。元豐八年（西元1085年）十二月，蘇軾抵達京師。

蘇軾回想這一生，不知是幸運還是前世積德，又或者說和皇后有緣。原來的仁宗皇后，在蘇軾被審訊的時候，救了他一命。如今又得到英宗皇后的提拔，當真是時也，運也，命也。

因哲宗年幼，高太后以太皇太后的身分攝政，王安石變法的一切法令措施全都暫停或廢止。新黨逐漸被打壓排斥，朝廷重新洗牌，舊黨再次受到重用，當真是有人歡喜有人愁哇。再次回到京師，蘇軾發現朝廷還是那個朝廷，金鑾殿還是那個金鑾殿，蘇軾卻不再是當年那個少年了。他到京師八個月，官位連升了三回。短短的幾個月，他便從七品官職，如坐火箭一般，升到三品官，居翰林院，負責起草詔書。此時的蘇軾，已經四十九歲。

那天黃昏，晚霞漫天，映襯著宮中高大寬闊的城牆。蘇軾立在宮門外，看著緋紅的晚霞，搓了搓手，曾經因為勞作而滿是繭子的手，此刻似乎也逐漸柔軟起來，如同他的心一

第七章　生死有命：苦樂隨緣天年

般。紅霞很美，讓蘇軾沉醉了。一陣晚風吹過，拂起他的官服一角，蘇軾微微一笑，彷彿風中夾雜著晚飯的美味，正在呼喚他趕緊回家吃飯。蘇軾大步向前走，將一個高大自信的背影留給了駐守宮門的侍衛們。

太皇太后大刀闊斧，想要把新黨政策全部砍掉。但新政已經實施了十多年，老百姓的生活已經受到了影響。如果不切實際地強行改變，甚至會適得其反，給百姓帶來新的災難，因為蘇軾在黃州的時候，便是個徹頭徹尾的農夫，他知道百姓的疾苦，他了解政策會給百姓帶來什麼，他明白什麼東西適合百姓。

所以他才會說，一切的政策法令，前後應該互相銜接，相互呼應，方才容易成功。政策革新，應該一點一點，逐步進行，不能一蹴而就，這樣百姓才不會受到驚擾。此時蘇軾的眼光與境界，早已超越了久居朝廷的無數政客。

哲宗二年（西元1087年），蘇軾任翰林學士，兼侍讀。如今的他，成為帝師，可想而知，太皇太后是如何看重他。要知道皇帝的老師，是會對未來的皇帝產生重要影響的。所以蘇軾盡心盡力，傳遞正確的價值觀給小皇帝。

每當讀到歷史朝代的興亡更替、奸臣當道、國破家亡時，蘇軾便會反覆開導，提醒告誡十歲的皇帝。小皇帝雖說不出什麼大道理，但是蘇軾從小皇帝清澈的眼神中，看到了

第二節　人常在，知己永不負

他已經接收到蘇軾想要傳遞的訊息了。

看著小皇帝粉嫩的小手輕輕地撫過書頁，蘇軾不由得想，一定要把皇帝培養成一位賞罰分明的明君，才能對得起天下蒼生。

師徒二人拜讀祖宗《寶訓》時，因為涉及時事政況，蘇軾便一個問題一個問題地進行分析。蘇軾告訴小皇帝，朝廷現在是賞罰不明，善行沒人勉勵，惡行無人阻止，好似黃河的水勢正向北方流，卻偏偏要強迫它向東流；西夏入侵鎮戎（今寧夏固原），屠殺、擄掠了幾萬人，卻有人將此事隱瞞，不往上報。長此以往，必出大事。

蘇軾在任翰林期間，常緊閉大門，鎖居宮中，認認真真，親筆起草詔書八百餘條，無一不引經據典，才氣逼人，令人側目。他逝世之後，另外一人接替了這個起草詔書的工作，自以為才學過人。一日，他興致勃勃找來曾伺候過蘇軾的老僕人，詢問其自己與蘇軾相比，誰寫的詔書要好？誰的才華更勝？那老僕人抬了抬頭，看了看其寫的詔書，說，蘇軾的文采也許比不上大人您，但是他從來不翻書作文。那人聽了，滿臉通紅，從此再不敢傲氣凌人。由此可知，蘇軾的學識是多麼豐富。

但有時候才華橫溢者，往往容易招別人嫉妒。就像璀璨的明珠，容易刺中別人柔弱的眼睛，容易扎痛別人骯髒不堪

265

第七章　生死有命：苦樂隨緣天年

的心。正所謂槍打出頭鳥，此刻蘇軾的才華，反而成為他的原罪，他也知道如今自己受到重用，是一定會被小人嫉妒的。他十分厭惡那些小人，所以多次請求免去翰林官職，以免惹禍上身。

但太皇太后等人如何肯放棄才高八斗、學富五車的東坡學士呢？一日，蘇軾正坐在堂中，太皇太后突然召喚其入宮，小皇帝陪伴在祖母身邊。蘇軾揮動筆墨，洋洋灑灑便起草完呂大防拜相的聖旨。太皇太后看了看詔書，抬頭望著正恭敬站立的蘇軾，感慨地說：「先帝還在的時候，每次讀到你的文章，總是會稱呼你為奇才。就連身邊的太監們都知道，如果先帝吃飯的時候半天沒有動筷，那一定是在看你的文章啊。先帝有心重用你，可惜還沒來得及起用你，他便駕崩了。」

蘇軾聽到這些，想到往事，不由得悲從中來，失聲痛哭。想到自己登科及第後，雖才華過人，可那又有什麼用，還不是被四處貶謫，流浪天地之間。先帝雖然欣賞自己，可終究斯人已逝呀。

他感動於先帝對自己的喜歡稱讚，他的才華原來一直都被皇帝欣賞，皇帝沒有遺忘他，這便可以了，他也欣慰了。流下的眼淚是幸福，亦是感動。太皇太后和小皇帝見到蘇軾流淚，頓時也想起了先帝，一老一小，相擁而泣。

第二節　人常在，知己永不負

十多年來，實在發生太多變化，偌大的江山，天下蒼生的重任都扛在這一老一少身上。任重道遠，如何不讓人心疼。

隨後，太皇太后和哲宗擦乾眼淚，給蘇軾賜座賜茶。得此殊榮，蘇軾在心中默默發誓，要為皇帝、為太皇太后、為大宋百姓肝腦塗地，鞠躬盡瘁，死而後已。蘇軾告退之時，太皇太后送了一包皇家特供茶葉給蘇軾，又把一個刻著蓮花的金燭臺作為禮物送給了他。這在當時，是絕無僅有的待遇，這件事可以讓蘇家人吹一輩子。

此刻榮光滿身，金蓮相伴，燭火相隨，前路如此光明，蘇軾自帶萬丈光芒，成為天下文人所羨慕的對象。他的個人名氣也達到了頂點，文人墨客，對其萬分推崇，甚至是他喜歡戴的一種特別高的帽子，都成為別人模仿的時尚，人稱「子瞻帽」。只有經歷苦難過後，才知道幸福來得多麼不易。此時的蘇軾雖然得到無與倫比的光芒，但他還是保持著當初在黃州的那顆淡泊之心，因為他早已看透了世事。如今他雖身居高位，但絕不爭權奪利。

他不過是希望能夠用自己的力量，引導小皇帝成長為一位明君，能夠為百姓做一些事情，為鞏固大宋江山出一份力。

第七章　生死有命：苦樂隨緣天年

第三節
落日餘暉裡

　　那年冬天，京城大雪紛飛，鋪滿縱橫交錯的街道。行人踏過長街，留下一個個深淺不一的腳印。這是全城百姓給京師畫的一幅獨特的畫卷。富貴人家熱鬧非凡，張燈結綵準備迎接新春佳節的到來。部分百姓大門緊閉，門上貼的是去年已掉色的對聯，冷冷清清。同樣是百姓，階級不同，地位不同，竟然差距如此之大。

　　蘇軾站在院裡，看著飛舞的雪花，想到了在黃州的歲月，不知黃州是否下雪？不知那裡的知己好友，如今過得如何？

　　回到京城的這段時間裡，蘇軾很忙碌，卻充實且快樂。此時他的詩詞已是天下盛名，但越是站得高，壓力越大，就像他自己的詩裡寫的「高處不勝寒」。他肩上的責任重大，很有可能一句話，便會引發輿論導向。

　　司馬光逝世後，蘇軾成為當時文壇第一人，雖然他沒有宰執天下，但聲望是被大家所公認了。更令他開心的是，弟弟蘇轍也被調回京師，擔任御史中丞，次年蘇轍升為尚書右丞。

第三節　落日餘暉裡

　　還有曾受「烏臺詩案」牽連流放的朋友們，如今也都官居要職，如王詵、王鞏等人。他在黃州的知己好友也趕來京師探望他，京城的蘇家開始熱鬧起來。

　　蘇軾與自己的親朋好友書信來往時，經常會稱讚四人，分別是黃庭堅、秦觀、張耒、晁補之。能得到蘇軾這個文壇大家的稱讚，四人名聲大漲，成為名動一時的人物，於是大家公認此四人為「蘇門四學士」。後來李薦和陳師道相繼加入這個陣營，便成為天下聞名的「蘇門六學士」。

　　人的名聲到了頂端，往往會伴隨著非議。在朝堂之中，即便你沒有結黨營私之意，可是別人不會這樣看。況且宋朝當時的制度，特別容易形成小團體，最終導致黨爭。司馬光離世後，朝堂分為以理學家為首的「河北派」、「河南派」以及以蘇軾為首的「四川派」。即便蘇軾壓根兒沒有所謂的拉幫結派之想，可他的政敵卻不會因此放過他，他們在暗中窺視，靜待時機，要在蘇軾背後補刀。

　　元祐元年（西元 1086 年）十二月中到次年一月十一日，短短一月不到，他們給朝廷遞上了五封彈劾蘇軾的文狀。

　　太皇太后看不下去，站出來為蘇軾說話，禁止大臣再上疏彈劾蘇軾。但她的懿旨筆墨未乾，那批人公然抗命，於次日再次上表彈劾蘇軾。從早至晚，天地昏暗，宮牆淒冷，蘇軾不想為自己辯解，因為欲加之罪，何患無辭，於是他四度

第七章　生死有命：苦樂隨緣天年

上表請求離京。他的政敵，在背後露出了陰險的笑容。

太皇太后始終站在蘇軾這邊，積極為其辯護，甚至想要降罪給彈劾蘇軾的人。蘇軾大為感動，決定不能再沉默了，沉默只能助長小人的囂張氣焰。於是他寫下了兩千餘字的長信給皇帝，表明立場，喝斥小人。

皇帝深受感動，最終朝廷決定讓蘇軾留任原職。為了表達對太皇太后的提拔賞識之情，蘇軾為朝廷政策提建議，上交了不少策論和表狀，希望能夠更好地治理國家。但言多必失，說多了得罪人，這是自古的道理。於是乎，蘇軾的政敵更加記恨、討厭他了。

在京師待了幾年之後，蘇軾心力交瘁，頭髮斑白。他實在不喜歡政黨之間的勾心鬥角，互相造謠。於是在他的一再請求下，朝廷終於同意，在元祐四年（西元 1089 年）三月十一日，蘇軾以龍圖閣學士身分出任杭州太守，管轄六區。

臨行之前，八十多歲的老臣文彥博特來相送。他勸誡蘇軾不要再亂寫詩，否則還是會受到小人的陷害。

滿頭白髮的長者苦口婆心相勸，只因為他實在愛惜蘇軾之才，不忍心蘇軾再次遭受不白之冤。蘇軾跨馬橫立大笑著說，自己若寫詩，一定有一群人等著做批註呢。蘇軾自然也清楚那些政敵手段，大搞文字獄，然後在自己文章上做手腳，添油加醋，顛倒是非，當年的「烏臺詩案」便是如此。

第三節　落日餘暉裡

元祐四年（西元 1089 年）七月，蘇軾再次抵達杭州。雖然自己遠離京城了，但蘇軾是開心的。一來他遠離了朝堂的爭鬥，二來他的弟弟蘇轍倒是官運亨通，先是由戶部侍郎升任吏部尚書，封翰林學士，後來還奉命出使契丹，談判四個月，妥善處理了兩國事務，贏得朝野上下的一致稱讚。

蘇軾來到杭州後，發現了杭州城存在一些問題，官舍陳舊，軍營漏雨，軍備殘破不堪，城門樓頂破漏可見青天。原來這杭州城裡的建築，是錢王時代建立的，如今已有百來年了，存在嚴重的安全隱患。

於是蘇軾上書給朝廷，請求撥款四萬貫，重新修築杭州城裡共二十七處的官舍、城門、樓塔、穀倉等場所。當時的杭州已是五十萬人口的大城市，卻沒有一家官家醫署。而且杭州人流多，加上錢塘江一帶海陸遊客聚集，南北往來頻繁，容易傳染瘟疫。蘇軾知曉此事後，幾番打探，得到了治療瘟疫的藥方後，他讓手下用大字抄寫藥方，然後在人口密集處貼出告示，好讓百姓自我防範。後來，蘇軾還從財政之中撥款兩千緡，再自掏腰包五十兩金子，建起了一所公立醫院「安樂坊」。

安樂坊建成之後，深得百姓信任，每天來看病的人絡繹不絕。粗略一算，三年裡安樂坊至少為一千個病人看過病，甚至許多外地的病人，都慕名而來，前來求醫問藥。後來病

第七章　生死有命：苦樂隨緣天年

人越來越多，便把安樂坊搬到了湖邊，取名「安濟坊」。直到蘇軾離開杭州後，安濟坊這座醫院都一直營運著，服務百姓。

除此之外，還有個大問題困擾著蘇軾，便是杭州的用水問題。杭州有一條運河，自隋朝時期便開始建立執行，如今幾百年過去了，累積的淤泥多不勝數，導致市區用水不便。雖然唐朝之時，有位大臣曾開發西湖水供百姓使用，但到了蘇軾這一代，西湖在不斷縮小，水越來越少，甚至還有葑草覆蓋了半個西湖。

為了使杭州百姓有清水可用，蘇軾請教專家，日夜守在西湖邊上，記錄觀察水位，最終制定了一個清淤計畫。他上書朝廷，得到同意後馬上招募千名工人和船伕，開始動工修湖。

在蘇軾的帶領下，工人們做事效率高，熱情肯做，動力十足，僅用了四個月便完工了。那些天裡，蘇軾每天守在工地，忍受風吹日晒，他變得又黑又瘦，但他的眼神，卻異常堅定，異常清澈。

此時湖岸房舍密集，別墅林立，但西湖湖面寬，住在南岸的人要想步行到北岸，就必須要繞過兩里的岸邊。於是蘇軾想到用挖出來的野草和泥土建成長堤，將長堤修建成直線，這樣既可以縮短距離，還能有效地處理淤泥和野草，還

第三節　落日餘暉裡

可把長堤變成散步的娛樂場所,一舉三得。

在蘇軾的設計下,長堤上設有六座拱橋,九座亭閣。這個長堤,便是千年之後聞名中外的西湖蘇堤。因為蘇軾為百姓考慮,深得杭州百姓的愛戴。蘇軾還在世的時候,杭州百姓便將長堤上的一座亭閣立作他的生祠,在裡面掛了他的畫像,百姓時常會進去膜拜他。

西湖還有另外一個問題,那便是如何解決葑草壅塞。一番思考後,蘇軾決定把湖面開墾出來,給農夫種菱角。為了提高菱角的產量,農夫自會定期進行除草工作,既可增加農民收入,又保證了西湖的水質,主意甚好。

西湖水源搞定了,便要解決供水的運輸問題了。城中有六個水庫圍繞著西湖,但由於淨水管道損壞,百姓經常吃不到乾淨的水。十八年前,蘇軾便在此地擔任通判,那時候的他曾協助修過主管道,所以相當清楚箇中情況。

如今十八年過去了,西湖布滿水草,草根夾著淤泥,湖床不斷升高,主管道損壞,百姓只能喝帶鹽的水,不然就得花大價錢,購買湖水喝,搞得民不聊生。

蘇軾請教曾經修主管道的老師傅,如何可以有效地保護主管道。老師傅告訴蘇軾,把主管道換成陶製韌管,上下用石板保護起來。蘇軾倒也爽快,為了民生,只得花大價錢,製作陶管。他順便還把湖水引入北郊的兩個新水庫,供軍營

第七章　生死有命：苦樂隨緣天年

用水。他身為軍事統領，一呼百應，領著一千名士兵辦事，輕而易舉搞定了此事。

當這套工程系統執行之後，運河水深八尺，城內供水源源不斷，百姓可以喝到乾淨的水，還免除了疏通城內鹽橋河的費用，百姓當真敬佩愛戴這樣心繫百姓的父母官。

除此之外，蘇軾還想為百姓做更多的事。他想開發江蘇運河系統，想在蘇州城外施行拖船泊運計畫，即在阜陽也開發一個西湖出來，做成和杭州西湖一般。但蘇軾還沒來得及做這些事，朝廷又來了一紙調令。

第四節
命運起起落落

　　元祐六年（西元 1091 年），蘇軾被提拔為吏部尚書。但蘇軾人還沒抵達京師，便因弟弟蘇轍被任命為右丞，所以臨時改授蘇軾為翰林承旨。蘇轍在聽到這個消息後，表示自己願意放棄右丞的官職，朝廷沒有同意。

　　蘇氏兄弟均得到朝廷重用，身處高位，政敵自然眼紅焦慮，處處攻擊他們兄弟。蘇軾剛回到京師，便被御史們猛烈抨擊。蘇軾本就不想與他們爭論，於是上疏辭職。政敵見狀，又故意散播謠言，說蘇軾以退為進，用輿論壓力爭取相位。蘇軾也是無語萬分，原來自己做什麼都是錯的，都是赤裸裸的欲加之罪。蘇軾僅在京師三個月，便以龍圖閣學士身分前往潁州（今安徽阜陽）任軍州事。潁州天地寬闊，白雲藍天，陽光普照，草長鶯飛，但雨水稀少，田間雜草比農作物還要茂盛。

　　蘇軾在潁州任職期間，看到災民步履蹣跚，拖家帶口，從潁州西南向淮河北岸逃難。其間災民無糧度日，只能撕樹皮，與馬齒莧、麥麩混煮而食。老弱病殘倒在路邊無人理會，青壯淪為強盜賊寇，過著打家劫舍的生活。蘇軾目睹這

第七章 生死有命：苦樂隨緣天年

人間慘劇，只能盡自己的能力去幫助災民。

元祐七年（西元 1092 年）二月，蘇軾奉令調到揚州。此時蘇軾已經沒有選擇的餘地了，他再次如同浮萍一般，四處漂流。

蘇軾在任職途中，遣開侍從，帶著小兒子來到鄉間村落和百姓聊天。只有最接近百姓，才能知道什麼是民間疾苦。揚州本是物產豐茂、人文靈傑之地。蘇軾看到了王安石變法的遺禍，雖然田間地頭，滿是青翠的麥田，但農舍不見一人。

原來農民害怕豐收，豐收之時，地方官便會帶著官差來逼迫他們還青苗法的本金與利息。如果還不上高額的本息，就會被捕入獄。蘇軾到達揚州後，便上表說「豐凶皆病」，災荒之年，老百姓飢寒交迫，豐收之年，老百姓反而遭受牢獄之災，進退兩難，百姓皆苦。

元祐八年（西元 1093 年）秋天，與蘇軾有著密切關聯的兩個女人走了，其一是蘇軾的續妻王閏之，其二便是一直支持蘇軾的太皇太后。

看著妻子王閏之憔悴的面龐，蘇軾心中一顫，曾經那個美貌可人的少女，陪伴著自己走過了顛沛流離的一生，青絲熬成了白髮。她臉上留下了歲月雕刻的痕跡，讓蘇軾心疼，蘇軾不覺已淚落雙頰。當王閏之嚥下最後一口氣的時候，蘇

第四節　命運起起落落

軾的心彷彿空了，好像有什麼東西落在了不可知之地。

不久，太皇太后駕崩。她是神宗的母親、哲宗的祖母，是蘇軾的守護神。她的離世，意味著蘇軾以後的仕途之路將會坎坷萬分，沒有了當權者的支持，沒人為自己說話，蘇軾的政敵正在黑暗處偷笑。

太皇太后臨死之前，早就知道自己的孫子哲宗皇帝對她心懷不滿，其中不乏新黨人士的遊說，當然也有權力的掌控衝突矛盾。她擔心自己死後，小皇帝處事輕率，脾氣暴躁，沒人約束後，一定會親小人，遠賢臣，最終把國家給搞亂。在她臨終前十天，范純仁和蘇轍等六位大臣前去探望她時，她便囑託大臣們，一定照顧好自己，輔助好皇帝，保護好大宋的江山。

太皇太后一去世，蘇軾便主動請調河北西部的軍區。此處是當時最麻煩的軍區，他來到了這裡統領步兵和騎兵。宋朝的慣例，皆是文官任職軍事將領，武官擔任副職。但大多數文官沒有行軍打仗的經歷，也不像武官那樣能與士兵同甘共苦。蘇軾卻不同於其他的文官，他證明了文官亦可以揮斥方遒，指點江山。

當時的軍營中軍政腐敗，將士薪餉低薄，衣服破漏，夥食不堪，簡直一塌糊塗。上貪下亂，軍紀鬆弛，官兵們時常酗酒賭博，軍營之中，一群奸兵熊將，如何能夠抵禦外敵，

第七章　生死有命：苦樂隨緣天年

守護江山？蘇軾到了之後，馬上修建營房，整頓軍紀，嚴懲貪官，以儆效尤，改善士兵夥食服飾。他的一系列措施使得軍容軍貌大為提升，將士們也十分欣賞這位有著武將風度的文官。

太皇太后去世後的第二年，哲宗改年號為「紹聖」。

紹聖元年（西元 1094 年）四月，章惇被提拔為相。章惇是新黨的代表人物，王安石為相期間，他步步高升，是王安石的有力支持者。太皇太后攝政之後，章惇被監禁，新黨被打壓。如今太皇太后離世，小皇帝上臺，急需培養自己的力量，於是火線提拔章惇，用來對付支持太皇太后的舊黨勢力。

蘇軾雖然是章惇昔日的好友，但蘇軾無疑是受到太皇太后庇護的舊黨人士，章惇為了報復，自然不會手下留情。他下令削去已亡故的舊黨人物司馬光、呂公著的封號和官銜。隨後他還上疏皇帝，要將司馬光挖墳鞭屍，所幸皇帝並沒有同意。

對死者尚且如此凶殘，更何況活著的人，蘇軾自然遭受了牽連。太皇太后離世之時，蘇軾要去定州任職，他想上殿辭行，但皇帝不見他。那個時候，蘇軾便已知曉這意味著什麼。想到昔日的學生，如今成了冷血無情的帝王，蘇軾的心中有些涼，好似秋風吹過，凋零了百花。

第四節　命運起起落落

元祐年間，蘇軾所擬的王安石等新黨的解職令成為新黨的一把利劍。他們直接誣陷蘇軾誹謗先帝，於是蘇軾被貶到英州（今廣東英德）。英州地處嶺南地區，當時是蠻荒之地。可憐的蘇軾，再次從華北動身，要行一千多里，前往英州。然而還沒到英州，朝廷又下了旨意，將蘇軾貶謫到更遠的惠州，擔任遠寧軍節度副使。

在貶謫途中，蘇軾還遇到了赴澧陽（今湖南澧縣）上任的蘇堅。闊別多年，故人重逢，卻是這樣的情景。兩人還沒來得及敘舊，便要匆匆分離了。此去經年，不知是否還有相見之日，兩個人均是熱淚盈眶，依依不捨地告別，各自奔赴人生的下一個節點。

紹聖元年（西元1094年）十月二日，蘇軾抵達惠州。由於蘇軾不善理財，即使在身處高位的時候，也沒能存下什麼錢。當初蘇軾去汝州的時候，還是蘇轍給了他七千緡，供其家在宜興定居。如今蘇轍也受到新黨報復，日子艱難，蘇軾就更不用說了。

或許是經歷的起落太多，見慣了世事無常，即便是來到環境氣候惡劣的嶺南地區，蘇軾也淡然處之，毫不在意。最開始蘇軾的官舍是合江樓，站在樓上，可見岸邊石頭林立，江水東流，江中漁夫正賣力地撒網，對岸的山城巋然立在陡坡上。

第七章　生死有命：苦樂隨緣天年

　　後來蘇軾搬到了嘉佑寺居住，無事之時，他便到山頂的小亭散步。一日，他正準備回家，有些累，便到亭子裡小憩一會兒。蘇軾站立在亭子裡，遠遠看去，在遠處的樹上發現了露出的屋頂。實在太遠了，蘇軾不想走了。於是他自我安慰，此處為何不可睡覺呢，難道一定要回家？這樣一想，便有種心若掛鉤之魚忽得解脫之感。

　　來到惠州半年，蘇軾身體已經適應了此地的氣候，但他也徹底成了閒人一個。可蘇軾能從苦中找到快樂，無憂無慮，無悲無喜，自由自在地結交朋友，遊山玩水。於是他寫下了〈行香子‧述懷〉：

　　清夜無塵，月色如銀。酒斟時、須滿十分。浮名浮利，虛苦勞神。嘆隙中駒，石中火，夢中身。

　　雖抱文章，開口誰親。且陶陶、樂盡天真。幾時歸去，作個閒人。對一張琴，一壺酒，一溪雲。

　　蘇軾一生顛沛，從蜀到京師，從北至南。命運那隻無形的手，不停地推動著他往前走。如今的他看淡風雲，能夠安享作為一個閒人的樂趣。昔日黃州好友寫信說要來看他，蘇軾回信件一封：

　　到惠將半年，風土食物不惡，吏民相待甚厚。孔子云「雖蠻貊之邦行矣」；豈欺我哉。自失官後，便覺三山跬步，雲漢咫尺，此未易遽言也。所以云云者，欲季常安心家居，

第四節　命運起起落落

勿輕出入。老劣不煩過慮亦莫遣人來,彼此鬚髯如戟,莫作兒女態也。長子邁作吏,頗有父風。二子作詩騷殊勝,呦呦皆有跨灶之興。想季常讀此,捧腹絕倒也。今日遊白水佛跡,山上布水三十仞。雷輥電散,未易名狀,大略如項羽破章邯時也。自山中歸來,燈下裁答,信筆而書,紙盡乃已。三月四日(西元 1095 年)。

人人說惠州是蠻荒之地,但是蘇軾認為這裡民風純樸,環境清幽,實在適合閒居,安度歲月。更何況蘇軾的名聲在外,性格豪爽,惠州附近的文人墨客,甚至一些地方官,紛紛前來結交蘇軾。蘇軾也是自得其樂,與來客推杯暢飲。

蘇軾曾給好友道士陸唯忠寫信,說自己發現了一種新酒,名叫「桂酒」。他開玩笑,讓陸唯忠前來品嘗。想不到陸唯忠真是性情中人,跋涉兩千里,前來探望蘇軾,只為了那一壺「桂酒」。有時候太守詹範還會帶著廚師,拎著酒菜,來到蘇軾家,與之痛飲一番,一起談詩論賦。蘇軾還會陪著太守或者新來本地的人前去白水山遊玩,一同欣賞此地的美景風貌。

文人喜飲酒,蘇軾自然不例外。來到惠州後,他發現此地每家每戶都會自己釀酒。在這裡,他嘗到了各式各樣的美酒,如蜜柑酒、桂酒和米酒。在惠州,蘇軾發現了一個美酒天地,為了喝到美酒,他還特地跑去學釀酒,然後把學到的祕方刻石為記,藏在羅浮鐵橋下。

章惇為了打壓蘇軾,特地安排了與蘇軾有嫌隙的程之才

第七章　生死有命：苦樂隨緣天年

去南方擔任提刑，處理重大的訴訟和上訴的案子。程之才是蘇軾的姐夫，只是自從蘇軾姐姐離世之後，蘇洵便與其絕交，蘇軾兄弟與他也有四十多年沒書信往來了。章惇想要借程之才之手教訓蘇軾，不承想事情的發展出乎章惇的意料。

其實蘇軾早就想和姐夫重歸於好，於是他透過一位朋友，送了一封正式的拜函給程之才。程之才已是耳順之年，同樣也想和蘇軾重修舊好。於是雙方便見面寒暄了起來，程之才請蘇軾為他的祖先寫一篇短傳。蘇軾答應了，畢竟那人也是蘇軾的外曾祖父。從那以後，兩個人的關係逐漸緩和，彼此之間書信往來日益密切。

紹聖三年（西元1096年）大年初一，博羅大火，全城盡毀。此時衙門已毀壞，為了防止救濟災民的糧食被搶劫，迫切需要建立暫時的居所。然而此時當地的一些官員，無所作為，甚至還要趁機剝削人民，強徵物力和民力。蘇軾便設法叫程之才通令地方政府，維持市場的貨源，不許強徵民賦。程之才聽取了蘇軾的話，為當地百姓做了不少好事。

後來，蘇軾為了惠及百姓，找來程之才和太守、縣令一同商量，決定新建大橋兩座。一座橫越大江，一座橫越惠州的湖泊。大橋建好後，極大地便利了需要渡河的居民。建橋之時，蘇轍的夫人還捐出了大批朝廷當年賞賜的金幣。從事建橋工作的時候，蘇軾還建立了一個大塚，重新安葬無主孤

第四節　命運起起落落

骨。蘇軾為民所做的事情，百姓銘記於心。

　　此時的蘇軾雖然是個閒職，但他無時不在心繫百姓。得知廣州常發生瘟疫後，蘇軾估計肯定是飲用水不乾淨的緣故。於是他急忙寫信給廣州太守王古，建議王古借鑑自己在杭州時候一般，設立一個公立醫院。無論身處什麼位置，蘇軾都始終沒有放棄那顆為國為民的心。

　　西元 1096 年，王朝雲因為不適應嶺南悶熱惡劣的氣候病逝，蘇軾悲痛不已。想到初到惠州的時候，這裡爆發了疫症，體弱的王朝雲染上了病症，漸入沉痾。後來經過當地名醫的調理，王朝雲的身體逐漸有了起色，但一直無法痊癒。西元 1096 年農曆七月底，王朝雲離開了人間，離開了蘇軾。看著比自己小二十多歲的妾室，先自己一步而走，蘇軾的心該是如何的悲涼呢。那個聰明伶俐、活潑可愛的朝雲，他再也見不到了。他想起幾年前初到惠州寫給朝雲的詞：

　　白髮蒼顏，正是維摩境界。空方丈、散花何礙。朱唇箸點，更髻鬟生采。這些個，千生萬生只在。

　　好事心腸，著人情態。閒窗下，斂雲凝黛。明朝端午，待學紉蘭為佩。尋一首好詩，要書裙帶。

　　這首〈人嬌・或雲贈朝雲〉詞曲依舊在，愛人卻已無處尋。蘇軾忍著悲痛，將愛妾安葬在了城西豐湖邊的山腳下。這裡環境清幽，無人打擾。

第七章 生死有命：苦樂隨緣天年

不遠之處，還有一道山溪瀑布，流入湖水之中，能夠洗淨世間的一切煩惱。山林兩邊，都是佛寺，傍晚時分，鐘聲縈繞，松林之中，鳥雀歡唱。有花鳥相伴，有清風相隨，朝雲應該不會寂寞了。

生前，朝雲便喜歡來到此處遊玩；死後，就讓她在此長眠吧。朝雲是位虔誠的佛教徒，周邊的廟宇佛堂她都曾去參拜過，為人善良，樂於助人。知曉她不幸辭世後，附近的僧人自發湊錢在她的墓頂建了一座亭閣來紀念她。那亭閣纖細小巧，可觀風月，可賞朝霞，可望夕景，取名為「六如亭」。

那年初冬，蘇軾來到送風亭，但見兩棵梅樹上，潔白的梅花肆意地綻放。一朵兩朵，好似仙女的淡雅姿態。不知為何，蘇軾驀然想起往年與朝雲一起欣賞梅花的情景。往事歷歷在目，人卻無跡可尋，再也見不到了。於是他寫下了一首〈西江月‧梅花〉：

玉骨那愁瘴霧，冰姿自有仙風。海仙時遣探芳叢，倒掛綠毛么鳳。

素面翻嫌粉涴，洗妝不褪唇紅。高情已逐曉雲空，不與梨花同夢。

豐湖曾是蘇軾最喜歡的聚宴場所，自從朝雲死後，他再也不忍去了，害怕睹物思人，害怕淚流不止，害怕相思無處寄。

第四節　命運起起落落

次年二月,蘇軾長子蘇邁數請獲准,來到廣東任職。蘇邁帶著小弟蘇過以及兩房家小一起來到了惠州,父子相聚。幾日之後,白鶴峰居竣工,蘇家人搬了進去。有兒子相伴,有家人相隨,蘇軾一掃愁雲,陪孫兒嬉鬧,與兒子談詩聊賦,甚是歡愉。然而不久之後,朝廷便借用「韶惠相鄰迴避謫籍」為由,將蘇邁的公職給罷免了。

雖然父子仕途不順,但是好在大家都在一起,有親人的地方,便是有了家,便是有了溫暖。已到暮年的蘇軾,也習慣了這裡的生活。閒暇之時,他便吟詩唱月,訴說此時的心境,卻沒有想到因此還惹上了大禍。蘇軾作〈縱筆〉詩如下:

白頭蕭散滿霜風,小閣藤床寄病容。報道先生春睡美,道人輕打五更鐘。

沒過多久,章惇便讀到這首詩,他十分不爽蘇軾過得如此安逸恬靜。於是他大筆一揮,下令將蘇軾貶謫到海南儋州。蘇軾本以為可以在惠州安享晚年,房子都建好了,但不承想住了沒幾個月,便又被對頭整治,貶到更遠更偏僻的地方。

第七章　生死有命：苦樂隨緣天年

第八章
歸去也：一蓑煙雨任平生

第八章　歸去也：一蓑煙雨任平生

第一節
心向閒雲悠悠然

　　紹聖四年（西元 1097 年）四月，六十二歲的蘇軾再次開始顛沛流離的生活。這一次，他被貶海南。在宋朝，這是僅次於滿門抄斬的處罰，可想而知章惇是多麼心狠手辣。

　　蘇軾回想一生，他已經歷過兩次大貶謫，其一是因為「烏臺詩案」被貶黃州，他在黃州一住便是四年。其二便是被貶惠州，在惠州待了三年。

　　如今是他第三次被大貶，蘇軾也不知道自己有命去，是否還有命回。他估計儋州環境如此惡劣，即便自己身體熬得過去，章惇那個小人也不會放過自己。但是沒有辦法，他只能硬著頭皮起程。

　　那一夜，無風無月無星，萬籟俱靜，零星的燈火，忽明忽暗，好似蘇軾此時的心情。兩個兒子，一路陪伴蘇軾來到了廣州。蘇過決定陪伴父親一起到儋州，以便照顧父親，他把妻子、孫兒全部留在了惠州。畢竟海南偏僻萬分，少衣少糧，氣候惡劣，他不忍心讓老邁的父親獨自面對。大兒子蘇邁則雙眼含淚，與父親、弟弟一一告別。告別蘇邁之後，蘇軾兩父子上溯西江，走過幾百里到達廣西的梧州，隨後轉南

第一節　心向閒雲悠悠然

行至雷州半島渡海。

這一路上，蘇軾父子除了基本的飲食外，沒有藥品，沒有大夫，全部靠著自己的頑強意志挺過來。他還半開玩笑地說，想到京城有無數人死在大夫的手中，反而覺得自己挺幸運。這一番自嘲，實在令人欽佩。

西元1097年五月十一日，蘇軾在離梧州不遠的藤州（今廣西藤縣）與弟弟蘇轍相會。六月五日，兄弟二人一起到達雷州（今廣東海康）。雷州是蘇轍被貶之所，蘇轍自然要盡地主之誼，好好款待哥哥了。他們兩兄弟都想不到，在有生之年還能再次相見，二人痛哭流涕，感慨萬分。

蘇轍每天都會陪著蘇軾談心說話，想要把這輩子的話都說完，因為此去一別，恐再無相見之日。然縱有萬般不捨，蘇軾也不得不和弟弟分別。

六月十一日，蘇軾便要乘船渡海，前往海南了。蘇轍一路相伴，陪哥哥登上船，臨別前夕，蘇轍也在船上過夜，陪著哥哥徹夜長談。此時的蘇軾，痔瘡發作，坐立不安，萬分痛苦。蘇轍則勸哥哥少飲酒，保重身體。

此番生離，如同死別，蘇軾看著碼頭的弟弟，不覺淚灑甲板，海風一吹，滾燙的熱淚便飄到了大海之中，不見蹤跡。這滴入大海的淚，不正如同他蘇軾一般，最終被歷史這個大海吞噬得無影無蹤。

第八章　歸去也：一蓑煙雨任平生

　　臨行前蘇軾知曉自己生還的機會渺茫，於是寫信給朋友，算是遺囑一份：「某垂老投荒，無復生還之望。昨與長子邁訣，已處置後事矣。今到海南，首當作棺，次便作墓。仍留手疏與諸子，死則葬於海外，生不契棺，死不扶柩，此亦東坡之家風也。」

　　西元 1097 年七月二日，蘇軾抵達儋州。儋州果然如傳聞的那般氣候潮溼，不適合居住。夏天的時候，悶熱異常，蚊蟲無數，惹得人渾身搔癢，讓人一身酸臭。冬天之時，濃霧不斷，大風不止。秋日時分，溼氣不斷，搞得許多物品都發霉了。如蘇軾一般的老人，特別容易患關節炎、風溼痛。當真如蘇軾自己所說：「此間食無肉，病無藥，居無室，出無友，冬無炭，夏無寒泉。」幸運的是，蘇軾來到儋州後，遇到了縣官張中。張中相當崇拜蘇軾的才華，他自己也是個圍棋高手，與同喜歡圍棋的蘇過成為莫逆之交。他時常找蘇過對弈，蘇軾則在一旁觀戰。張中託關係，將蘇軾一家人安頓在張中公館旁邊的官舍裡，張中還特地用公款重新裝修了一番後，才讓蘇軾一家人進去住。

　　每到節日，蘇軾的心境可能更加複雜。他遠離了家鄉和親人，只有兒子蘇邁一個人陪伴，常常會懷念過去的時光，回想起與家人、朋友團聚的美好時刻。

　　儘管如此，他仍努力保持樂觀和豁達的心態。閒暇時他

第一節　心向閒雲悠悠然

會享受寂靜的時刻，欣賞自然美景、品味當地的美食，透過文學創作來舒緩孤獨感，用詩詞和文字記錄下這些特殊時刻，尋找內心的寧靜與釋放。

雖然蘇軾與大部分親人兩地相隔，但是儋州的地方官相當敬重蘇軾，逢年過節的時候，經常邀請蘇軾父子一起共度佳節。每逢佳節倍思親，想到去世的親人，想到漂泊他地的家人，蘇軾便寫下了〈上元夜過赴儋守召獨坐有感戊寅歲〉：

使君置酒莫相違，守舍何妨獨掩扉。
靜看月窗盤蜥蜴，臥聞風幔落蚍蜉。
燈花結盡吾猶夢，香篆消時汝欲歸。
搔首淒涼十年事，傳柑遺遺滿朝衣。

元符元年（西元 1098）三月，蘇軾的好友道士吳復古來海南，和蘇軾住了幾個月。他帶來一個與蘇軾密切相關的消息，朝廷打算派遣董必來視察、報告被貶謫大臣的情況，如有必要，還可繼續彈劾起訴被流放的大臣。最初朝廷是打算派呂升卿來廣西視察，當時的儋州隸屬廣西，呂升卿則是呂惠卿的弟弟，此人也是新黨中人，如果將其派出，蘇家兄弟將會更加艱難。幸虧有官員勸阻皇帝，說呂升卿必不能從公稟報，必致激起私仇大恨。所以朝廷最終才派呂升卿去廣東，讓董必來廣西。

但董必也不是善類，直接誣陷蘇轍強占民房，雷州太守

第八章　歸去也：一蓑煙雨任平生

厚待罪臣，導致雷州太守被撤職，蘇轍被貶到惠州。董必本想親赴海南，但他的副手彭子明提醒他，別忘了自己也有子孫，做人不能太過分，得饒人處且饒人。董必聽了後，便只派下屬過海，查看蘇軾情況。其屬下來到海南後，發現蘇軾住在官舍裡，縣官張中優待於他。於是其屬下將蘇軾從官舍逐出，他還檢舉張中，導致張中被革職。

蘇軾很不爽董必，據說後來還寫了一篇寓言，專門諷刺他。話說有魚頭水怪奉龍王廣利之命，前來把蘇軾拉往海中。他去時身穿道袍，頭戴黃帽，足蹬道履，不久便覺行於水下。忽然雷聲隆隆，海水沸騰，強光一閃，他發現自己已經站在水晶宮中，龍宮中有好多珠寶，琳瑯滿目。不久，龍王盛裝而出，二宮女隨侍，蘇軾問有何吩咐。不久，龍後自屏風後出來，遞給他一塊絹，有十尺長，求他在上面寫詩一首。蘇軾在絹上畫了水國風光和水晶宮的霞光瑞氣。他寫完詩，各水中精靈都圍著看，蝦兵蟹將莫不讚美連聲。鱉相公當時也在，他邁步走出，向龍王指出蘇軾詩內有一個字，是龍王的名字，應當避聖諱。龍王一聽，大怒，蘇軾退而嘆曰：「這鱉相公到處壞我事。」鱉與必發音相近，此篇估計就是蘇軾酒後譏諷董必而作。

無處可居，無床可睡，蘇軾倒是不擔心，不害怕。他反而為張中擔憂，是蘇家父子連累了對方。想到張中丟了官

第一節　心向閒雲悠悠然

職，蘇軾便萬分愧疚。或許是蘇軾人品性情俱佳，所以無論到何處，都能找到好友知己，都能遇到良朋益友。張中不怨蘇家父子，因為真正的朋友不怕麻煩。每每想到這些耿直善良的朋友，蘇軾禁不住熱淚盈眶。

第八章　歸去也：一蓑煙雨任平生

第二節
回首已枉然

　　元符元年（西元 1098 年）九月十二日，蘇軾在日記中談到自己的處境。

　　吾始至南海，環視天水無際，悽然傷之曰：「何時得出此島耶？」已而思之：天地在積水中，九洲在大瀛海中，中國在少海中。有生孰不在島者。譬如注水於地，小草浮其上，一蟻抱草葉求活。已而水乾，遇他蟻而泣曰：「不意尚能相見爾。」小蟻豈知瞬間竟得全哉？思及此事甚妙。與諸友人小飲後記之。

　　沒地方住是個問題，但不是什麼大事，蘇軾當年在黃州不就是自己建房開荒嗎？於是蘇軾在城南汙池旁找了一片桄榔林，父子二人動手蓋房。當地的百姓，紛紛過來幫忙，幫蘇家父子送來蓋房的材料。沒過多久，茅屋便搭建成了。蘇軾還為自己的小屋取名為「桄榔庵」。

　　「桄榔庵」雖然簡陋，只有三間房，但有了住處便可安心了。晚上躺在屋裡，還會聽到百姓獵鹿之聲。早晨，獵戶敲開蘇軾的家門，送上鹿肉給蘇軾開葷。除此之外，當地的百姓還會送來粗布給蘇軾、食物，讓其抵禦寒冷，解決溫飽。

第二節 回首已枉然

每年的臘月二十三是海南百姓的祭灶日,拜過神靈後,百姓會把祭肉送給蘇軾。純樸善良的島民,給了蘇軾無限的溫暖與感動。雪中送炭比錦上添花更加體現人性的美好。

島上難得有好墨,更無好筆好紙,本是文人墨客的蘇軾父子為此苦惱許久。於是他們父子嘗試製墨,其中一次,蘇軾燒松脂製黑煙灰,直接引起大火,差點把住房給燒掉。就是在這樣艱苦的環境中,蘇軾父子相互安慰,抱團取暖,一住就是三年。在此三年時光中,蘇過一直陪伴侍奉蘇軾。他幫助父親做雜事,擔任蘇軾的書僮、僕人。蘇過在父親的耳濡目染下,成為文化造詣較高的詩人與作家。

在海島上,蘇軾廣交朋友,與僧人嬉笑,採藥健身,忙得不亦樂乎。他還在蘇過的幫助下,收集整理出雜記,編成《志林集》。即便是身處逆境,未來無望,蘇軾也在樂觀生活,認真待人,努力做事,絕不浪費生命。

春風送暖,桃花豔紅,耕牛拖著犁具,賣力地勞作。蘇軾看著滿目的安逸恬淡的春景,不由得詩興大發,寫下了一首詞〈減字木蘭花·立春〉:

春牛春杖,無限春風來海上。便丐春工,染得桃紅似肉紅。

春幡春勝,一陣春風吹酒醒。不似天涯,捲起楊花似雪花。

第八章　歸去也：一蓑煙雨任平生

　　元符三年（西元 1100 年）正月九日，二十四歲的哲宗駕崩，他的弟弟趙佶（徽宗）繼位。趙佶即位前，向太后（神宗皇后）攝政，起用韓忠彥、李清臣為相，這二人上位後，開始逐漸起用當初同蘇軾一樣被貶謫的大臣，這也帶給了蘇軾一絲希望。但幾個月後，向太后便還政給新皇帝。趙佶成為一國之君，雖然他藝術細胞極強，才華橫溢，能寫會畫，能歌能舞，可惜就是毫無治國之才。他登基之後，繼續執行哥哥的方針，重用了同一批人。

　　神宗太后活著的時候，庇護著許多舊黨人，流放的許多學者都獲赦升官。徽宗即位後不久，蘇軾被調廉州（今廣西合浦）安置。蘇軾渡海到雷州一個月後，又奉詔授舒州（今安徽安慶）團練副使，永州（今湖南零陵）安置。元符三年（西元 1101 年）大赦天下，蘇軾復任朝奉郎，踏上了北歸之途。

　　此時的蘇軾已經六十四歲了，因為常年的顛沛流離，他的身體很孱弱。但他依然樂觀，寫給朋友的信中還有這樣一句話：「尚有此身付與造物者，聽其運轉流行坎止無不可者。故人知之，免憂煎。」到了六月三日，蘇東坡身體十分虛弱。天氣熱得很，他得了痢疾，但此處缺醫少藥，蘇軾只能自己咬緊牙關、苦苦支撐。後來蘇軾自己弄了些草藥吃後，身體恢復不少，可落下了病根。吃飯難消化，夜裡難入眠，身體雖然虛弱，但蘇軾一直還在堅挺著，不向病痛屈服。

第二節　回首已枉然

皇帝更替，朝廷的新勢力自然要上臺，當年呼風喚雨的章惇也倒臺了，被貶為雷州司戶參軍。當真是天道好輪迴，蒼天饒過誰。此時，蘇軾收到了章惇之子章援的信。想當年蘇軾得勢之時，還親筆提點章援為科舉第一名，算起來他還是蘇軾的門生呢。可惜後來章惇翻臉，瘋狂報復蘇家後，章援便再沒提當年蘇軾的提拔之恩。想起往事，蘇軾苦笑一聲，打開書信內容一看，裡面洋洋灑灑寫了七百字，坦言說這些年不能登門拜訪蘇軾的原因，希望蘇軾原諒自己之類的話語。原來章援害怕蘇軾會重新掌權，然後會報復已經下馬的章家人，所以前來探蘇軾的口風。

蘇東坡倒也大度，當下提筆回信，信中大意內容，簡略講了蘇軾和章惇之間多年的交情，表示自己已經老了，不知還可活幾日，那些恩怨情仇，他早就忘了。他還惋惜感嘆，說可能再也無法見到章惇這個故人了。

章援收到蘇軾的回信，感動得淚流滿面，不知不覺，悲從中來，想到父親與蘇軾本是好友，卻因為政見不同反目成仇，最終落得晚景淒涼的下場。算起來，蘇軾還是自己的老師，想不到恩師竟然有如此博大的胸懷，能不計前嫌。想到此類種種，章援唏噓不已。

在儋州待的幾年裡，環境雖然艱苦，可蘇軾把這裡當成了另一個故鄉，還寫下了「我本儋耳氏，寄生西蜀州」這樣的

第八章　歸去也：一蓑煙雨任平生

詩句,更是用自己的力量在儋州辦學堂,聲名遠播,許多人都願意長途跋涉前來求學。

蘇軾沒到海南之前,百餘年來無一人進士及第。蘇軾之後,海南的姜唐佐便舉鄉貢了。為此蘇軾題詩:「滄海何曾斷地脈,珠崖從此破天荒。」沒有蘇軾,便沒有後來的儋州文化,他的餘光餘熱一直照亮溫暖著整個儋州。

第三節
返璞歸真尋本心

　　神宗太后過世後，朝廷的動向不明。蘇軾思前想後，覺得此刻不宜離京師太近，最終決定在常州定居。蘇軾來到常州後，百姓沿著運河兩岸夾道歡迎。有了家人的陪伴，蘇軾的心情舒暢了不少，身體也有所恢復。

　　此時，朝廷任命他為一個寺院的管理人，但家人擔心蘇軾身體不好，於是他辭掉了這個工作。沒多久，蘇軾的病情加重，每天只能躺在床上，食不下，睡不著，蘇軾隱隱約約猜到了自己大限將至。

　　此時蘇軾的三個兒子都已長大成人，才華橫溢，蘇軾見到他們各自成才，十分欣慰。躺在病床上的他，似乎還不服輸，還時常指點兒子學問。

　　在父親的指導下，蘇過的文章〈志隱〉得到了世人的認可。就連蘇軾自己也說，這篇文章寫得好，哪怕自己此時還在海島，哪怕此時身邊全是夷人，他也可以安穩放心地生活了。

第八章　歸去也：一蓑煙雨任平生

　　在那些日子裡，蘇軾的好友錢世雄不僅幫蘇軾租房子住，還天天前去看他。從前蘇軾還在南方的時候，錢世雄便一直寄藥給蘇軾服用，可惜不見效果。

　　蘇軾十分珍惜與錢世雄的友誼，或許他也知道，這很有可能是與錢世雄最後的相處時光了。只要自己稍有好轉，他便寫字條讓兒子將錢世雄請來聊天。然而一天，錢世雄開心地前來找蘇軾敘舊，卻發現蘇軾已經坐不起來了。

　　錢世雄急忙走上前去，仔細聆聽蘇軾吐出的最後言語。蘇軾輕聲細語地說著與錢世雄的交情，錢世雄聽得雙目通紅，淚滿眼眶。此時蘇家人也知道蘇軾可能馬上便要駕鶴西去了，心中不由得悲傷起來。

　　蘇軾深吸了一口氣，緩緩交代了一些事情，他在海南的時候，把《論語》、《尚書》、《易經》都做了註解。他想把這三本書稿託付給錢世雄，希望他能幫忙保存好。如今先不要示人，待到三十年後再面世，到時候把它們公之於眾，應該會引起重視的。或許這算是蘇軾對錢世雄的另類報答吧，當然更多是蘇軾對他的信任。

　　兒子將三本書稿拿了過來，恭敬地遞給了錢世雄。錢世雄擦了擦手，莊重地接過包裹得密實的書稿。蘇軾看了一眼書稿，放心地點了點頭。錢世雄接過稿子後，向蘇軾保證自己會保護好書稿，還勸慰蘇軾要保重身體。

第三節　返璞歸真尋本心

　　蘇軾看著一屋子的人全都帶著淚光，想要再說些什麼，卻已沒有力氣，只能揮手示意。眾人急忙幫他把被子拉上，隨後一起默默地陪伴著他。

　　元符三年（西元1101年）年七月十五日，蘇軾病情惡化，先是夜裡高燒不止，早上家人餵水給他時，發現蘇軾一嘴的血，仔細一看，是牙根出血了。蘇軾自己也感覺渾身無力，錢世雄急忙四下尋醫問藥，得到幾種所謂的奇效藥。但蘇軾知道自己的情況，無力回天了，於是他沒有服藥。此時的蘇軾，每天吃不下飯，只能喝人蔘、麥門冬、茯苓熬的藥湯。即便是喝湯，他也喝不下多少，到後來，就連喝湯都沒力氣了。

　　七月十八日，蘇軾把兒子們叫到床前，交代後事。他要讓弟弟蘇轍為自己寫墓誌銘，還要把自己和愛妻的骨灰一起葬到蘇家的山麓上。交代一切之後，蘇軾眼神明亮了起來，可以坐在床上了。家人們都知道這很可能是迴光返照，但是又都在心裡默默祈禱蘇軾已經恢復了。

　　七月二十五日，蘇軾病重，杭州的老友維琳方丈趕來看他，天天陪著他說話。方丈每日與蘇軾聊佛法，蘇軾慧根極高，方丈希望他可以領悟佛法，最終恢復健康。蘇軾卻微微一笑，世上的高僧都沒有不老不死的，何況自己這個俗世之人呢。

第八章　歸去也：一蓑煙雨任平生

　　七月二十八日，蘇軾氣息不穩，呼吸困難。按照風俗，家人在他的鼻子上放了一點棉花，來觀察他的呼吸。方丈則陪在他身邊，在耳邊好聲安慰他，讓他想想自己的來生。蘇軾虛弱地說，西天或許有，空想前往卻是無用。

　　錢世雄在一旁著急擔心地看著蘇軾，讓蘇軾再努力想想吧。蘇軾輕言說，勉強去想就大錯特錯了。錢世雄還想勸慰一句，卻見蘇軾鼻子上的棉花再也不動了。

　　隨著方丈的一聲「阿彌陀佛」，一代文豪蘇軾就此與世長辭，終年六十五歲。這一天，蘇家哭聲震天，常州百姓個個含淚。

　　臨死之前，蘇軾回想起了自己這一生。也曾年少輕狂，踏馬賞花；也曾一日看盡長安花，風流人人誇；也曾皇恩浩蕩，位極人臣，得到名譽榮華；也曾被流放邊陲，嘗遍人間冷暖。他曾跨過山和大海，也穿過人山人海，他曾擁有過一切，轉眼都飄散如煙。他曾失落失望，失掉所有方向。但他最終克服了困難，找尋到了生命的真諦，或許平凡才是唯一的答案，或許內心的寧靜，才是人這一輩子應該追求的最高境界。

　　蘇軾想到了曾經在自畫像前說的：「問汝平生功業，黃州、惠州、儋州。」正是這三處被貶謫之地，正是這些坎坷之路，構成了他的人生。

第三節　返璞歸真尋本心

四十三歲那年的「烏臺詩案」，讓他差點命喪黃泉，身首異處，最終被貶黃州。晚年更是慘不忍睹，一貶再貶，最終被貶到南蠻荒島，讓自己飽受折磨。蘇軾的身體雖然飽受摧殘，但他的精神卻永不會被打敗，如同頑石，如同永遠不會被折彎的鐵板。正是那些磨難，造就了蘇軾唐宋八大家的地位，使得蘇軾成為流傳千古的風流人物，受到一代代人的欽佩，折服了後世萬千文人墨客。

蘇過看著安詳離開的父親，腦海之中，瞬間閃過無數個父親的畫面。父親走過的路、遇到的人，父親讀過的書、戀過的人，父親開墾過的荒地、建造的房屋，父親釀造過的美酒、寫下的詩詞，父親領著百姓修水管、建蘇堤，父親遭受無妄之災的無奈以及看破世事的淡然，全部在蘇過的腦海中閃現。

父親這一輩子值了，其生也榮，其死也哀。

蘇軾去世後，蘇過按照父親的遺願，扶靈送父親葬於汝州。此後蘇過便在汝州附近的潁昌住了下來，還在家附近的湖邊種上幾畝竹子，然後在竹林下讀書吟詩，聽風靜心。蘇過的性情與蘇軾十分相似，都比較耿直，喜歡清淨，似乎俗世之間，已經沒有什麼東西能夠汙染他們了。

他還經常拿著父親的文集閱讀背誦，自號「斜川居士」。蘇過雖然在文學上的成就不如父親，但其在性格上比父親更

第八章　歸去也：一蓑煙雨任平生

加穩重得體，更正直無邪。蘇過的〈思子臺賦〉、〈颶風賦〉早在當時便廣為流傳，他的才華也得到了世人的認可。人們將蘇軾稱為「大坡」，將蘇過稱為「小坡」。

就連蘇轍都為有蘇過這樣的姪子而感到自豪，他時常稱讚蘇過的孝道，以此教育宗族的子弟。

時光飛逝，帝王更替，文人輩出，然蘇軾只有一個，千秋萬代，獨一無二的蘇軾。宋高宗於亂世被推上皇位後，十分傾慕其才華，追加蘇軾為資政殿學士，還把蘇軾的孫子蘇符封為禮部尚書。

他還喜歡把蘇軾的文章放在御案上，每當批奏摺疲憊的時候，便拿出來品讀一番。宋高宗還親自寫了集贊，贈給蘇軾的曾孫蘇嶠，稱讚蘇氏一門文名赫赫，還在朝堂之上，推崇追贈蘇軾為太師，諡為「文忠」。

第四節
人間有味是清歡

　　蘇軾雖然仙去，但他留給後輩的妙談千年不衰。

　　宋朝有位學者叫章元弼，十分崇拜蘇軾，整夜端讀蘇軾的詞文，即便是美貌的妻子與之說話，他也不搭理。原來他沉迷於蘇軾詩詞所營造的意境無法自拔，導致兩耳不聞其他音。

　　紅顏不理，自然惹其生氣，然而章元弼不思改變，還是整日坐在房間裡，看蘇軾的文章，時而微笑，時而點頭，簡直成瘋成魔。最終導致新婚妻子忍無可忍，與之離婚。原來妻子認為他喜歡蘇軾比喜歡自己還多，這樣的男人，要來幹麼？

　　蘇軾因為性格直爽，得罪了不少人。但也因為他的耿直，得到了許多人的歡迎追捧。他在任職翰林學士時，皇帝十分欣賞他，便與之徹夜長談。事情談完之後，已是深夜，蘇軾便很無語地被關在宮裡了。

　　韓宗儒酷愛美食。在一次宴會上，他偶然得知名將姚麟痴迷收藏蘇軾的字畫，而他自己平時便與蘇軾有書信來往。於是他靈機一動，想到拿蘇軾的書信與姚麟換肉，一封書信

第八章　歸去也：一蓑煙雨任平生

換取十斤羊肉。每次他想吃肉的時候，便會與蘇軾寫信聊天，然後再拿著蘇軾的回信去換羊肉。

直到一天，蘇軾的好友黃庭堅知道此事後，趕忙跑到蘇軾面前，戲笑蘇軾。他說：王羲之的字被人稱作換鵝書，你與王羲之不相上下了，你的字現在可以稱為換羊書了。說完後，他便忍不住哈哈大笑。蘇軾聽完也是哭笑不得。

一日，韓宗儒又開始嘴饞，於是一天之內，他就寫了好幾封書信，派人送給蘇軾，希望能得蘇軾書信回覆。哪知那日蘇軾忙得不可開交，便讓助手口頭傳話，以此回覆對方。沒想到助手無奈地回來，說對方堅持要書信回覆。蘇軾讓助手告訴來人，今日斷屠。意思便是告訴韓宗儒今日不殺生，你還是別吃羊肉了。

蘇軾是個執著到極致的人，一次朝堂之上，他與司馬光因為政見不合，直接吵了起來。司馬光主張廢除王安石變法時確立的「免役法」，恢復成「差役法」。蘇軾則認為「免役法」利弊參半，不一定要徹底廢除，司馬光卻執意不聽。蘇軾覺得司馬光太過固執，下朝後便氣呼呼地跑回家了。到家裡，對著妻子罵司馬光是司馬牛。這司馬牛本是孔子的弟子名，出現在《論語》裡，蘇軾藉此人名，諷刺司馬光脾氣倔強如牛。

蘇軾曾對好友錢勰說他喜歡鄉下的樸素生活，一碗米

第四節　人間有味是清歡

飯，一碟蘿蔔，外加一碗菜湯，便可以吃得開開心心。一日，錢勰送來一張請帖，邀蘇軾赴飯局，請帖上還有「將以三白待客」的留言。

蘇軾聽聞湖州有許多美味，以為錢勰所說的三白是著名的「太湖三白」（即翹嘴白魚、白蝦、銀魚）。於是蘇軾興致勃勃地跑去赴宴，以為可以大飽口福了。沒承想到了錢家一看，桌上果然有三件白色之物：一碗白米飯，一碟白蘿蔔，一碗清湯。蘇軾恍然大悟，敢情錢勰這是在以「三白待客」來戲耍自己呀。

來而不往非禮也，蘇軾決定也要耍耍錢勰。半月之後，他發了請帖給錢勰，說請其吃「三毛餐」。錢勰一愣，不知這「三毛餐」是何物，好奇地去蘇府赴約。可他來到蘇家一看，桌上什麼都沒有。

蘇軾還一本正經地請錢勰上座，錢勰等了許久，不見上菜，便不客氣地說自己肚餓難耐，快點上菜吧。卻見蘇軾笑咪咪地說：錢兄，現在開吃，請好好享用這頓「三毛餐」吧！

錢勰一頭霧水，不知吃些什麼。蘇軾這時候才解釋，「三毛餐」，就是毛米飯、毛蘿蔔、毛菜湯呀！原來，東坡口中的「毛」不讀ㄇㄠˊ，該讀作ㄇㄟˊ，即「沒」。「三毛餐」，竟是啥都沒有的「三無餐」。錢勰這才回過神來，好傢伙，蘇軾你這典型是報復自己當日的「三白之約」呀。當然了，玩笑歸

307

第八章　歸去也：一蓑煙雨任平生

玩笑，蘇軾總不會讓好友餓著肚子白跑一趟。隨後，一桌豐盛的飯菜便上桌了，二人大快朵頤，盡興而罷。

蘇軾喜歡捉弄人，也愛開人玩笑。一次，一位名不見經傳的文人，帶著自己寫的一卷詩，前去請教蘇軾。蘇軾溫和地讓對方先讀一下他帶來的詩，只聽那人激情澎湃、得意揚揚、滔滔不絕、信心滿滿地讀了出來。那人讀完之後，恭敬地等蘇軾的評語。蘇軾一臉無邪地說一百分，那人聽了十分開心，畢竟得到蘇軾的認可，看來自己馬上便要在文壇出名了。哪知蘇軾來個神補刀，讀得這麼好，可得七十分。寫的這文章，可得三十分。此時，估計那個文人已經哭暈在廁所。

一生漂泊的蘇軾，卻從未忘記做學問，在艱苦的環境裡，努力做學問，努力生活。他先後寫有《東坡集》四十卷、《後集》二十卷、《奏議》十五卷、《內制》十卷、《外制》三卷、《和陶詩》四卷。都說文人相輕，但蘇軾對待其他文人，都把他們當成朋友知己，當時的文人如黃庭堅、晁補之、秦觀、張耒、陳師道，未揚名時蘇軾就以朋友的身分待之，給予他們提攜幫助。

蘇軾是中國文學史上最著名的文學家之一，但他在逝去之時，心裡牽掛的依然是自己當年千辛萬苦、費盡精力建造的雪堂以及開墾出來的五十餘畝田地。對蘇軾來說，為官之

第四節　人間有味是清歡

樂，並不強烈。

正如他在一篇筆記中談及苦與樂說的：「樂事可慕，苦事可畏，皆是未至時心爾。及苦樂既至，以身履之。求畏慕者初不可得況，既過之後復有何物。此之尋聲捕影繫風邇夢爾。此四者猶有彷彿也。如此推究，不免是病，且以此病對治彼病。彼此相磨安得樂處。當以至理語君，今則不可。」

蘇軾這一生有三個女人，有四個兒子，陪伴在他身邊的女子，個個認真細心侍奉他，使得他不必擔心瑣碎的家事。除了小兒子不幸夭折外，蘇軾的其他三個兒子個個成就不低，名動一時。蘇家的家風蔚然，令人稱讚。他這一生，父慈子孝，兒媳敬重，算是享盡了人倫之樂。

他出身名門，曾位居高官，也曾官場失意，被貶至蠻荒之地。他半生顛沛流離，風霜雪雨，看過海邊的海浪，聞過南方的美酒，聽過蜀地的竹笛，感受過北方的雪，體會過南方的陽光。

悄然之間，他竟然已走了大半個中國。雖然受盡了苦難，但蘇軾始終積極向上，以一顆頑強的心，對抗著朝堂對他的惡，不屈地反抗政敵對他的迫害。蘇軾活成了一代文人的風骨，達則兼濟天下，窮則獨善其身，以一顆淡泊的心，不畏將來，不念過往，不以物喜，不以己悲。

第八章　歸去也：一蓑煙雨任平生

　　蘇軾這一生有知己好友，有詩詞歌賦，有起有落，可謂精采至極。正如劉辰翁所言：詞至東坡，傾蕩磊落，如詩，如文，如天地奇觀。

　　進，可論天下；退，可做東坡肉。上，可指點江山，為國為民；下，可隱於山林，怡然自得。此乃蘇東坡是也。

第四節　人間有味是清歡

國家圖書館出版品預行編目資料

蘇東坡傳，此心安處是吾鄉：從朝堂到蠻荒，以詩文和胸襟撐起大半江山 / 白凝 著 .-- 第一版 .-- 臺北市：複刻文化事業有限公司，2025.08
面；　公分
POD 版
ISBN 978-626-428-213-0(平裝)
1.CST: (宋) 蘇軾 2.CST: 傳記
782.8516　　　　　　114010984

蘇東坡傳，此心安處是吾鄉：從朝堂到蠻荒，
以詩文和胸襟撐起大半江山

作　　　者：白凝
責任編輯：高惠娟
發 行 人：黃振庭
出 版 者：複刻文化事業有限公司
發 行 者：崧燁文化事業有限公司
E - m a i l：sonbookservice@gmail.com
粉 絲 頁：https://www.facebook.com/sonbookss/
網　　址：https://sonbook.net/
地　　址：台北市中正區重慶南路一段 61 號 8 樓
8F., No.61, Sec. 1, Chongqing S. Rd., Zhongzheng Dist., Taipei City 100, Taiwan
電　　話：(02) 2370-3310　傳　　真：(02) 2388-1990
印　　刷：京峯數位服務有限公司
律師顧問：廣華律師事務所 張珮琦律師

-版權聲明-

本書版權為樂律文化所有授權複刻文化事業有限公司獨家發行電子書及紙本書。若有其他相關權利及授權需求請與本公司聯繫。
未經書面許可，不可複製、發行。

定　　價：450 元
發行日期：2025 年 08 月第一版
◎本書以 POD 印製